桂學文庫·廣西歷代文獻集成

龍啟瑞集

4

潘琦 主編

廣西師範大學出版社
GUANGXI NORMAL UNIVERSITY PRESS
·桂林·

古韵通說卷十三

弟十三部 幽

平 上 去 入

幽（分尤分蕭分肴分豪） 黝（分有分篠分巧分晧） 幼（分宥分嘯分效分號） 屋（分沃）

詩韵（江氏古韵音切多取侯部本可相通茲不更易也）

鳩洲逑（周南關雎一章） 流求（二章） 逵（按此字爲馗之或體坴聲在此部漢書匡衡傳引作公侯好逑江氏讀渠追切非也）

仇（兔罝二章） 休求（漢廣一章） 昴（莫後切） 裯猶（召南小星二章） 包（逋侯切） 誘（野有死麕一章） 舟流

憂游（邶柏舟一章） 冒（莫侯切） 好（許侯切） 報（博侯切○日月二章） 手老（魯侯切○擊鼓四章） 軌（居酉切）

牡（匏有苦葉二章○段茂堂改軌爲軓大非） 舟游求救（谷風四章） 慉讎售（五章） 漕（初侯切） 悠游憂

（泉水四章） 埽（蘇后切） 道（徙苟切） 道醜（鄘牆有茨一章） 悠漕憂（載馳一章） 滺舟游憂（衛竹竿四章）

報好木瓜一二三章　憂求王黍離一二三章　陶從侯切　翿從侯切　敖君子陽陽一章　脩歗歗
淑中谷有蓷二章　罦縛牟切　造徂苟切　憂覺古侯切○兔爰二章　蕭蘇鳩切　秋采葛二章　好許厚切
造鄭緇衣二章　狩酒酒好叔于田二章　鴇補九切　首手阜大叔于田三章　軸陶抽好清人
三章　手醜好遵大路二章　酒老好女曰雞鳴一章　好報三章　瀟蘇鳩切　膠居肖切　瘳風雨
二章○繡或作瀟誤　茂道牡好齊還二章　休慆他侯切　憂休唐蟋蟀三章　栲去九切　杻壽考
去九切　保補九切○山有樞二章　皓胡酉切　繡鵠胡侯切　憂揚之水二章　聊力求切　條徒求切○椒聊
一二章　裒究好羔裘二章　好有杕之杜一二章　周游二章　皐手狩秦駟驖一章　收輈
小戎一章　皐手二章　袍蒲侯切　矛莫浮切　仇無衣一章　簋居酉切　飽補苟切○權輿二章　缶道
翿陳宛丘三章　荍去由切　椒部攸切○東門之枌三章　皓懰受慅此苟切○月出二章　蕭周曹下泉二
章　棗子苟切　稻徒苟切　酒壽豳七月六章　茅莫侯切　綯徒侯切○七章　蚤子苟切　韭八章
銶遒休破斧三章　裒求小雅常棣二章　務按務从矛聲當讀如貿今讀入七遇者音之轉也若以戎有汝音求之疑此字

古亦讀轉音戊四章　埽簋牡舅咎伐木三章　壽茂天保六章　柔憂采薇二章　罶酒魚麗一二

三章　栲杻壽茂南山有臺四章　草此苟切　考湛露二章　簍居侯切　好醻彤弓三章　舟浮休

菁菁者莪四章　饎考猶醜采芑四章　好阜草狩車攻二章　戊莫口切　禱丁口切　好阜醜

吉日一章　苞莫侯切　茂好猶斯干一章　矛醻節南山八章　卯莫後切　醜十月之交一章　憂休

八章　流休雨無正五章　猶集咎道小旻三章　道草擣丁口切　老首小弁二章　醻究七章

好草巷伯五章　受昊胡口切○六章　酒咎北山六章　鼛居侯切　洲妯猶鼓鍾三章　飽首

考楚茨六章　酒牡考信南山五章　阜徂苟切　好莠大田二章　觩柔敖。求桑扈四章　首阜

舅頍弁三章　首酒魚藻三章　浮流髦。傳箋竝云髦夷髦也釋文云髦毛鄭之意當與尚書同音莫侯反　憂角弓八章

柳蹈徒候切○菀柳一二章　幽膠隰桑三章　茅猶白華一章　首酒瓠葉二三章　首炰蒲侯

切　酒醻四章　首罶飽苕之華三章　草道何草不黃四章　臭孚方由切○大雅文王七章　槱趣。

棫樸一章　廟保思齊三章　求孚下武三章　欲孝文王有聲三章　道草茂苞褎秀好

古韻通說卷十三　幽　二

生民五章　揄蹂叟浮七章　曹初侯切　牢郎侯切　匏蒲侯切〇　游休酋卷阿二章　休逑怓憂休民勞二章　祝究蕩三章　酒紹抑三章　讎報六章　柔劉憂桑柔一章　寶蒲九切　好六章　寶舅保崧高五章　考保烝民三章　道考韓奕一章　浮滔游求江漢一章　首休考壽六章　游騷蘇侯切〇常武三章　苞流五章　收瘳瞻卬一章　優憂六章　福保周頌烈文　牡考雝　壽考同上　壽保載見　造疚考孝閔予小子　鳥宜九切　蓼丘九切〇小毖　糾趙蓼朽茂良耜　觩柔敖休絲衣　受造酌　牡酒魯頌有駜二章　茆莫後切　酒酒老道醜泮水三章　陶以周切　囚五章　觩搜七章　球旒休絿柔優酋商頌長發四章

以上平上去聲

鞠居六切　覆育毒邶谷風五章　祝六告干旄三章　陸軸宿告衛考槃三章　告鞫齊南山三章　六燠無衣二章　薁菽豳七月六章　陸復宿九罭三章　遂宿畜復我行其野二章　鞫畜育復腹蓼莪四章　奧蹙菽戚七六切　宿覆小明三章　夙育大雅生民一章　俶告既醉三章

迪徒六切 復毒桑柔十一章 肅穆周頌雝 以上入聲

經韻

道咎周易上經小畜初九 酒缶牖咎坎六四 首醜離上九 裕咎下經晉初六 狩首明夷九三 酒咎首未濟上九・道久象上傳臨 道咎造久首象上傳乾 咎道同人 考道咎蠱 道醜道觀 咎道考道復 久醜咎大過 咎道久離 咎道象下傳睽

咎道醜咎解 咎道咎夬 咎飽醜道保漸 咎道節、咎道既濟 保母。繫辭下傳无有師保二句 柔憂求襍卦傳 柔憂同上○按憂李氏集解作消疑憂字是○好道尚書洪範無有作好二句○游救大戴禮武王踐祚篇盥盤銘 矛羞矛銘 晧壽衞將軍文子篇當以晧晧是以眉壽 柔求子張問入官篇優而柔之二句○守復考奧烏侯切 由禮記禮運鬼神以爲徒十句○蓄臭春秋左傳僖四年繇辭

讎保僖五年士蔿引所聞 州道草擾而九切 獸牡襄四年周箴 湫攸昭十二年南蒯鄉人歌 皋古侯切 覺蹈憂哀二十一年齊歌○就憂狃咎晉語引商銘 狃咎輿人誦惠公 報臭國人

誦改葬共世子　考守越語范蠡引所聞上帝不考時反是守　牡道究范蠡引所聞凡陳之道以下○奧竈側候
切○論語爲政篇王孫賈問　遊休孟子梁惠王篇晏子引夏諺　流憂梁惠王篇引晏子言○游求離騷　好
巧去九切·　留茅　流啾秋竝同上　猶洲修舟流九歌湘君　蕭憂山鬼　道考天問
龍°游　首在°守嫂首　流求　告居候切　救　憂求竝同上　仇讎保道九章惜誦
好就同上　浮慢九章抽思　救告同上　悠憂思美人　流昭°幽聊由廟惜往日
憂求游同上　任°醜橘頌　求流同上　聊愁悲回風　游浮遠游　留由同上　以上
平上去聲
告瀆°告周易上經蒙　復輹目小畜九二九三○段云輹作輻譌　肉毒噬嗑六二　輹逐牿大畜九二
九三九四　逐復下經睽初九　復夙解　睦復育漸九三○目腹復春秋左傳宣二年宋謳
蹴目成十六年筮辭　卜卜昭三年○引諺　育復天問　竺燠同上　復慼七六切○九章哀郢　以
上入聲

本音

丝从二幺

丝聲幽

幽聲蚴

麀或𪊨或體幽聲

麀聲鏖

艸百卉也从二屮○張皋文云俗以草爲艸草乃象斗子非也

牢从牛冬省篆作㸬

告从口从牛

告聲祰牿造古艁誥古𦘴鵠梏郜晧𨌺嚳硞焅浩靠𨸶酷

造聲簉

周古𠕗

周聲裯或騆琱啁調雕簫鵰椆讀若丩稠綢騆姚云今本脫此字據河廣釋文補孔穎達疏亦有此作綢

彫鵰惆淍鯛婤綢蜩或蚒錭輖

丩相糾繚也象形隸作丩

丩聲叫訆𡘋鉨讀若嚻𠴲訆收斛朻疝虯(句)分侯部

收聲荍

叉手足甲也从叉象爪形

叉聲蚤或𧒒蝨从䖵叉聲叉古文爪字

蚤聲瑵䗼讀若蚤咸傜騷慅搔

爪覆手曰爪象形

孚古𤓰卵孚也从爪从子一曰信也古文从𥝌𥝌古文保

保古𤓽保保从人从𤓽省𤓽古文孚本从人𤓽省聲今系𤓽聲之字鍇

保聲褓𢺞緥

𤓽聲宲

褎俗袖从衣𤓽聲○按𤓽古文穗𤓽聲在脂部

叜籀㝈或傁隸作叟

叜聲瞍𣘫鄋瘦𢓭𡨀搜嫂

傁聲𡠄

攸秦刻𢼂从攴从人水省

攸聲筱篠或䀺脩𥚃條絛修倏讀若叔儵悠鯈跾鋚

脩聲蓨䐹滫

條聲蓧滌

條省聲莜

儵聲鯈

𦥑叉手也从E彐

𦥑聲鷽斆𦥯學嚳轉之部

學省聲鷽觷或鸒嶨鉉補覺礐礐鱟欒獡澩鷽大徐本云闕小徐本作家本無注鍇曰疑許沖之言也段引廣雅釋詁云嶨誤也姚張並云學省聲今从之

覺聲攪

翏

翏聲𦒛嘐謬寥雡鷚膠樛鄝瘳僇㺒熮憀漻穋摎嫪戮繆蟉飂瞜勠鏐醪

膠聲廫

漻聲𥂫

雔从二隹讀若醻

鄒聲 雥讎

鳥 長尾禽總名也象形鳥之足似匕从匕

鳥聲 蔦或樢鵰讀若雕 窵禱島

丂 气欲舒出ㄅ上礙於一也丂古文以爲亐字又以爲巧字○張彥惟云據錯類聚篇亐當作兮王棻友云ㄅ卽乃字非字者許例不出於說解也

丂聲 攷㱙或杇巧考

缶

缶聲 匋䵤寶古寚缻 姚云今本脫此字據李賢後漢孔融傳注補按卽缶字加瓦

休 或庥

休聲 傌

㯥 从二東曹从此闕○張彥惟云案曹从此聲也說詳㯥陽部从下按以糟之籀文䊗求之䊗固當从㯥聲

𣍘獄之兩曹也在廷東从𣝁治事者从曰隸作曹

曹䙍姚云今本脫此字據埶文類聚聲禮卷卅八徐堅初學記卷十三補曹遭槽糟䈆醩傮褿𤎺慒漕蠤

囚

子或泅从永从子古或以汓爲没

汓聲游古遊

早从日在甲上

早聲草

𥫩古匴匴杭

𥫩聲𥫩讀若糾糾葛屨

𠧢古由姚云今本脫古文據說解補按引書當在古文由下盤庚釋文引馬融本𦋫作枿不言由異文與此正合後漢儒林傳杜林傳古文尚書馬融作傳是馬本爲古文也

由聲苗迪袖䛆胄笛柚邮宙胄司馬法軸舳岫籀䆜鼬怞油妯紬軸

棗

秀

秀聲莠讀若酉

莠聲琇

羑或誘䛻古羑羑从厶从久張彥惟云按羑从羑不言从古文則此或後人借用鉉以爲重出是也

臼

臼舂也象形中米也

臼聲舊或鵂重見之部張臯文云从本義則在此部借爲新舊字則入之部舅

韭

韭菜名象形在一之上一地也此與耑同意

奧

奧从宀𢍏聲鍇曰會意其本仍有聲字𢍏聲在元部

奧聲薁奧燠澳墺古坳隩

守

守聲　狩

帚从又持巾

帚聲　埽

咎从人从各鍇本各聲張皋文云誤多聲字

咎聲　鼛⿰禾咎讀若皓⿰禾晷讀若皓櫜晷倃⿰咎欠麔⿱咎皿⿰魚咎綹讀若柳

晷聲　厬

孚

孚聲　鴇或⿰包鳥⿰馬孚姚云今本脫此字據釋畜釋文補

求古文求省衣重見之部

求聲　球或璆裘逑救脙讀若休止梂賕⿰求阝俅捄絿⿱求䖵或⿱求虫

老 考也七十曰老从人毛匕須髮變白也

老省聲 孝

孝聲 哮

舟

舟聲 鵃 𦩍宵部𦨣隸作朝 侜𠕁𧳟𨊠 舊騳 舟省聲 受 从叉

受聲 授 綬

百 頭也象形

𦣻 百同古文百也巛象髮

道 从辵从首 古 𩠐 从首

道聲 導 䆃

馗 从九从首 或 逵 或體坴聲

憂

憂聲 夒

夒聲 嚘㰶鄾優瀀

夒 貪獸也一曰母猴似人从頁巳止夊其手足錯曰今作猱 隸偏旁作夓擾字从之

夒聲 瓇 夒讀若柔 獿 㺒讀若水 獶 溫㬈也 擾

夲 从大从十讀若滔 按漢書以咎繇作皋陶

勹 裹也象人曲形有所包裹 姚以包从勹亦聲故次此

包

包聲 苞咆匏 讀若樸 炮飽 古餘 𩜁 枹𪉊 郇 䳰 或 孚 袍 裦 庖 炮 泡 雹 古 䨌 鮑 匏

匋 从包从夸聲姚云說解有脫當言从缶省从包包亦聲按姚說稽諸古韻爲合今从之 包省聲 匋

匋聲 萄 詢 或 詯 騊 陶 匋省聲 案

橐聲[illegible]或蜉

勹覆也从勹人○姚云亦聲段云此當爲抱子抱孫之正字今俗作抱乃或捊字也衣部褢則訓褱也

胞从月从包姚从韵會引作包聲

臭禽走臭而知其迹者犬也从犬从自

臭聲齅𪖐讀若畜牲之畜𡠕糗

[illegible]讀若焦

𪚲省聲秌𥤚籀不省隸作秋

秋聲萩啾𥢆楸愁湫揫詩曰百祿是揫𥢆

愁聲[illegible]

報

土聲在魚部牡

夰 放也从大而八分也

夰聲 奡傲 讀若 昦

𣴎 篆 流

流聲 ⿱㐬土

州 古𡿧 水中可居曰州周遶其旁从重川昔堯遭洪水民居水中高土故曰九州詩曰在河之州 俗作洲

州聲 ⿰歹冋祝 讀若 詶

手 古 𠂿

手聲 杽

好

好省聲 嬦 籒 嬉 或 袾

⿰目⿺辶己 或 ⿺辶己

𠷎聲𠷎或𩀉姚云今本脫正篆據廣韵十八尤補按此字重見之部又聲下𠷎𩀉

𠷎聲璹淑𢊁讀若犨讀若糗周書以爲討詩犨之糗𢽞曰無我𢽞兮椲𢃖𪏂𦒱隸作擣壔𦒱讀若醻或

酬

𢽞聲穿詩曰左執翿○姚云以上篆體皆从𠷎聲𠷎𠷎經典偏旁相承作𦒱故分別書之

𦒱聲禱或𥜗𥜗籀𩥓譸䮻䣜儔𤔟鑄

𦒱省聲𩰲姚云說解有脫張別補舊字云缺脫

矛古𢧀

矛聲茅柔楙袤𧜀籀𡟒𡟒𩬖爲正篆𩬖爲或體𢽬敄

柔聲𥟔蝚腬煣蝚睬鍒鞣

楙聲藅懋或𢚩

敄聲葇鍪楘𦢘讀若騖𣝊𣝊𣝊讀若𣝊項讀若𣝊或𩬊𩬊鶩𩬊籀𩬊俗作𩬊張𩬊

古韵通說卷十三幽　十

惟云此與蠡或文鷙正同銛以爲彼文重出說具彼婺霧霿婺務

瞀聲霿

婺聲婺

務聲蓩

九

九聲艽旮尵求讀若䲥肍舊讀若𧆸旭勖讀若宄古文宄𡫀𡧍仇尻勼氿軌厹

篆蹂

尻聲[illegible]

戊

戊聲茂

丣古𠨦冒也二月萬物冒地而出象開門之形故二月爲天門隸作卯

丣聲貿畱霤畱聊按丣聲字俗寫與丣聲字混

貿聲鄮

酉古丣就也八月黍成可爲酎酒象古文酉之形

酉聲逎或遒槱或禉醜按屬云讀若書卷之卷古文以爲醜字庮酒

丣聲珋茆柳畱鼬

畱聲蒥鶹劉古鐂姚云今本脫正篆據玉篇鐂古劉字及偏旁補飀瘤罶或䉧廇騮溜霤擂或

抽𢭏

劉聲藰瀏

擂聲籒

酎从酉从時省○按姚次肘省聲从鍇本

莤从酉从艸春秋傳曰爾貢包茅不入王祭不供無以莤酒

酋 繹酒也从酉水半見於上

酋聲 醔鰌犞讀若糗 猶鰌揫䣤讀若蹴 緧蝤輶

猶聲 蕕

丑 紐也十二月萬物動用事象手之形時加丑亦舉手時也

丑聲 衄䭅𨚑粈狃沑妞紐鈕古 珇𦐏朋羞杻 杻古文杶字屯聲在諄部張皋文云說文櫄杶也毛傳杻

意也義互見古文盡从丑聲故在此部成孫案姚據詩韵說解爾雅

以爲杻當从丑聲不得爲杶異文竟改杻入丑聲下是也然異文之

異聲異韵者多矣音轉則韵轉朋廾是也

也杻自轉丑聲無害爲杶之古文也

狃聲 莥狃

舀 或抭𦥷 冘舀从爪臼詩曰或簸或舀〇張彥惟云鍇曰會意而其本云臼聲不知誤多耶抑少聲字也冘疑此部聲按張以冘聲入此部

今不从說詳東部冘聲下

舀聲 蹈韜稻騇慆滔搯詩曰左旋右搯 閻

𠂤 大陸山無石者象形隸作阜偏旁作阝

𨺅 兩阜之閒也从二𠂤○段云似醉切按此字不得其音大徐依𡚁讀也廣韵玉篇扶救切又依𠂤音讀也今姑次此

祝 从示从人口一曰从兌省

祝省聲 柷

毒 古𥳑 厚也害人之艸往往而生从屮毒聲 鉉本从屮从毒無聲字張皋文云此字小徐祛妄篇論之許氏原本也大徐改从毒以解陽冰之譏耳非也

毒聲在之部

毒聲 薵 𥛵 竝讀若督

畜 魯郊禮 𤲸 田畜也

畜聲 蓄 𨟜 慉 𡟾

逐 从辵从豚省

夙 古 𠈇 㑉 隸作夙𠈇从人㐁㑉从人西宿从此 按互詳使部西聲下

佰聲宿

宿聲摍縮

肅古𦘒从肃在𣶒上

肅聲蕭嘯𢷾歗欠部重出張彥惟云按引詩在欠部許或不以爲重出鷫司馬相如說从叜鳥驌鱐橚潚繡蟰

目古◎

目聲冒古𠕅鍇本从目

冒聲萺䁷㮘媢讀若胞一曰梅鍇本勖瑁古玥轉元部

肉

肉聲𡕥讀若遂張彥惟云𡕥聲當在此部成孫案鍇曰肉非聲可知原本作肉聲二徐刪之誤也肭姚云今本作肉聲非據玉篇改育

或毓

𡕥聲𨃕讀若遂𩔗

啇聲禘滴締 啇省聲充轉東部

皷聲鞹或鞻

脜从百从肉讀若柔姚謂肉亦聲

肘从肉从寸張彥惟云管子弟子職道肘手帚爲鬭

肘省聲疛張彥惟云小弁惄焉如擣韓詩作疛紂

复从夂畐省聲隸作复畐聲在之部

复聲復腹椱複鰒蝮鍑輹

復聲覆稪覆𧄍或蕧

就籒就就高也从京从尤尤異於凡也

就聲蹴鷲

尗俗作菽

尗聲茮叔或村樢或鬻宗或諔敊戚

叔聲⿰口叔⿰山叔踧督俶⿱髟叔惄淑埱

戚聲槭慽

俶聲⿱艹俶

㣎細文也从彡㝵省聲　㝵聲在魚部　段云字从彡彡者文也㝵者際見之白有細意當作从彡㝵省各本聲字誤多

㣎聲穆

六易之數陰變於六正於八从入从八

六聲圥籀[illegible]

圥聲坴[illegible]或鼀坴讀若逐

鼀聲⿰鼀欠俗噈　鼀省聲竈或竃

坴聲睦古𥈡𥈡分矦部踛稑或穋陸籀[illegible]

討 歒下云周書以爲討

孰 食飪也从丮𦎫聲 𦎫聲在諄部 張彥惟云老子養德篇畜育熟覆爲韵古無熟字卽孰是也

孰聲 塾

幼 从幺从力

幼聲 呦 或 ⿰幼欠 欠部重出張彥惟云呦鹿鳴聲欠部⿰幼欠愁皃不可謂此重出也故泑特云讀與⿰幼欠同 窈 黝 怮 泑 讀與⿰幼欠同 ⿰魚幼 讀若幽

亍 从反彳讀若畜

卣 籀 ⿱卣⿰卣卣 艸木實垂卣卣然象形讀若調

卣聲 逌 讀若攸

逌聲 ⿱艸逌 ⿰逌見 讀若攸 ⿰逌欠 讀若酉

⿰逌欠聲 ⿱⿰逌欠金

冃小兒蠻夷頭衣也从冂二二其飾也鍇曰今作帽

猋从三犬張彥惟云司馬相如上林賦浮飈爲韵

猋聲飆或颮風

嘼㹌也象耳頭足厹地之形

嘼聲獸

蒐从艸从鬼

牟牛鳴也从牛象其聲气从口出

牟聲麰或䔉侔

彪虎文也从虎彡象其文唐韵甫州切

彪聲滮

𣅀望遠合也从日匕匕合也讀若窈窕之窈

顯 从頁从㬎○案據說解南山四顯他書通作皓當入此部

顥聲 灝

髟 長髮猋猋也从長从彡○段云猋與髟疊韵五經文字必由反在古音幽部桼部髤从此爲聲可得此字之正音矣音轉乃爲必彫切匹妙切其云所銜切者大謬誤認爲彡聲也

髟聲 髤

驫 眾馬也苗云唐韵甫虬切廣韵甫烋切又音標木部⿱驫木从木驫聲篇韵及大小徐皆音所臻切非也

驫聲 ⿱驫木

盩 引擊也从㚔攴見血也扶風有盩厔縣○段云說者曰山曲曰盩水曲曰厔按卽周旋折旋之叚借也

了 尥也从子無臂象形○段云尥行脛相交也盧鳥切

鬻 健也从䰜米聲○按米聲在脂部此字兩收

⿱臼米 舂糗也从臼米唐韵其九切

通韻

趨揄裕廚瀆侯部韻　敖髦廟紹趙昭宵部韻俱聲近相通○附說文句丩聲分侯部　[illegible]睦之古文宍聲分侯部　粰稃之或體付聲侯部來　𦌾罶之或體婁聲侯部來　孶讀若春秋魯公子彄　鞄讀若樸　[illegible]讀若頊三字讀若皆在侯部　輈舟聲分宵部　釗讀若鐈　[illegible]讀若焦　[illegible]讀若傚　楙讀若髦三字讀若皆在宵部○以上竝聲近相通

轉音

疢久久聲在之部轉此部讀如今音疢字在詩韻有兩讀久字在易韻亦有兩讀必泥古一字只有一音之說則此等處不可通矣　母母聲在之部聲轉讀如古音之邪按此字本音滿彼切轉魚部則爲莫武切[illegible]轉幽部則爲莫後切即此可見古人轉音之不一矣　扗才聲在之部聲轉當讀如走之幽兩部古今聲轉最近　福畐聲在之部與此部入聲最近亦猶复本畐省聲而入此部也　戎本音在東部轉音當讀如猶說者謂戎有汝義遂有汝音然此章之戎不見有汝義也疑未詳　龍本音在東部轉音當讀如酉漢書敘傳述元紀優繇亮直繇即容也束皙勸農賦農與曹協意亦師此　怓本音在魚部聲轉讀尼猶切魚與幽相去最近也　任本音在侵部聲轉讀如柔　集本音在緝部聲轉當讀如就朱子从韓詩作是用不就見王應麟詩攷序○附說文[illegible]采聲脂部來　[illegible]米聲脂部來　舊求俱重見之部　荁[illegible]聲

之部來夏亯省聲之部來充育省聲轉東部牡土聲魚部來孰𦎫聲諄部來曼冒聲轉元部奐𡘽聲元部來○以上諸字說具詳彼㝱貞省聲在魚部說詳本字下𢥞讀若水温𣍯難聲在元部此字當讀夒之轉音夒音奴兜切音轉爲奴案切故與𣍯相似也大徐據唐韵音此字爲乃昆切如俗讀温𣍯字如吞要皆爲難聲之變也段氏以夒與難聲遠改夒爲𢉖𢉖者古文婚字未知其審毒毒聲之部來說詳彼及本字下抌皖窅之或體宂聲在東部說詳彼

論曰自顧亭林合蕭肴豪尤幽爲一韵而愼修江氏識之蓋顧爲其寬江爲其密且實攷諸三百篇而知其有不可通之故非好爲苟異也今攷此部中字與蕭肴豪古本分爲二至漢人始合用之今音則劃分兩韵惟閩人讀高如鉤讀宵如修此則方音之近古者要其所爭者只喉舌脣侈之間耳江氏據禹貢厥草惟夭厥木惟喬厥草惟繇厥木惟條四語爲幽肴分韵之界可謂得其要領抑又嘗攷之此韵中字多與之咍通轉若移之於蕭肴則不類此亦可因轉韵而識其本音者歟

贊曰元音之起詩始河洲哀思窈窕和而不流楚臣放逐始作離騷通空山夜猿鳴聲啾啾承學之士雅音是求

古韻通說卷十四

弟十四部 宵

平 上 去 入

宵 巧 效 藥

分豪 分蕭 分篠 分晧 分號 分嘯 分屋○分沃 分鐸

詩韻

芼樂周南關雎五章 藻潦召南采蘋一章 悄小少摽邶柏舟四章 暴笑敖悼終風一章 天

勞凱風一章 旄郊鄘干旄一章 敖郊驕鑣朝勞碩人四章 勞朝暴笑悼氓五章 刀

朝河廣二章 桃瑤木瓜二章 苗搖王黍離一章 消麃喬搖鄭清人二章 漂要蘀兮一章

倒召齊東方未明一章 驕切甫田一章 滔儦敖載驅四章 桃殽謠驕魏園有桃一章 苗勞

郊郊號碩鼠三章 鑣驕秦駟鐵三章 巢苕忉陳防有鵲巢一章 皎僚糾悄月出一章 紹

燎紹懆三章○懆陸氏作慘非　搖朝切檜羔裘一章　膏曜悼三章　飄嘌弔匪風一章　苗
膏勞曹下泉一章　葽蜩豳七月四章　譙消翹搖嘵鴟鴞三章○消詩疏云定本作消今作翛誤　蒿
昭恌傚敖小雅鹿鳴二章　郊旐旄出車二章　罩樂南有嘉魚一章　苗囂旄敖車攻三章　嗷
勞驕鴻雁三章　苗朝搖白駒一章　沼樂炤虐正月十一章　酒殽十二章　勞囂十月之交七章
盜暴巧言三章　蒿勞蓼莪一章　號勞北山五章　刀毛膋信南山五章　鷮教車舝二章
藻鎬魚藻一二三章　教傚角弓二章　瀌消驕七章　苗膏勞黍苗一章　高勞朝漸漸之石一章
燎勞大雅旱麓五章　廟保思齊三章　舟瑤刀公劉二章　寮囂笑蕘板三章　昭樂
懆藐教虐耄抑十一章○吳才老云開元中修五經文字我心慘慘爲懆　到樂韓奕五章　苗麃周頌載芟
藻蹻昭笑教泮水二章　以上平上去聲
籥翟爵簡兮三章　綽較謔虐衛淇奧三章　樂君子陽陽一二章　樂謔藥溱洧一二章　鑿
襮沃樂唐揚之水一章　櫟駮樂晨風二章　的爵賓之初筵一章　沃樂隰桑二章　濯翯沼躍

蠹臺三章 虐謔蹻耄謔熇藥四章 削爵濯溺桑柔五章 藐蹻濯崧高四章 樂魯頌有駜一二三章 以上入聲

經韻

呺笑周易上經同人九五 號笑下經萃初六 巢笑咷旅上九 ○憍逃大戴禮武王踐阼篇觴豆銘 ○巢遙勞驕春秋左傳昭二十五年童謠 弔老哀十六年孔子誄 ○撓逃朝孟子公孫丑篇北宮黝節 ○遙姚離騷 遨樂同上 笑窕九歌山鬼 到照天問 燿驁遠遊 撟樂同上 以上平上

去聲

濯暴孟子滕文公篇引曾子言 以上入聲

本音

小物之微也從八丨見而分之

小聲 肖杪

肖聲宵哨銷削梢郈稍宵痟悄消霄捎娋綃蛸銷陗

眇聲魦篎

削聲箾篗

稍聲䈾

捎聲筲

少从小丿聲丿聲在脂部○段云丿右戾也房密匹蔑二切又於小切按上二切近是少之形聲蓋於古雙聲求之

少聲訬讀若毚眇杪𨚫秒紗鈔

喿从品在木上

喿聲璪鐰譟臊劋橾讀若藪燥懆澡鱢操繰

囂或𩕄从㗊从頁頁首也

囂聲虈[illegible]

𠧞古兆灼龜坼也从卜兆象形

兆聲珧咷䍮逃跳誂眺䂃朓桃旐䚋窕佻覜洮鮡挑姚絩垗銚䩦錯斛屏本麃麼

説文無𡱝字張補𡱝爲正文

爻交也象易六爻頭交也

爻聲肴駁較孝

肴聲殽俏

孝聲[孝鳥]

敎古䛐效古文孝亦聲

敎省聲𢽲讀若狡

雥从三隹

𤓯火所傷也从火雥或焦聲雥聲在緝部

古韻通説卷十四 省

三

焦聲蕉噍或嚼譙古誚譙讀若嚼鷦樵穛顦鉉補醮从面焦會意姚入焦聲不言所本或當焦亦聲姑从之

燋潐[illegible]讀若夏書天用勦絕○按刀部剿下讀若周書天用剿絕其命周書字誤剿正字勦漢時俗字也从巢从刀不从力鐎

醮或𥛟

樵聲䩌或𢹿𢹿讀若酉或體擎手部重出𣝗

敖出游也从出从放隸作敖

敖聲嗷謷傲贅[illegible]驁獒獒或[illegible]滶嫯勢讀若豪

刀兵也象形

刀聲芀召到

召聲苕鉊詔鉉補韶鞀或鞉籀磬卲柖邵昭佋袑卲紹沼招弨紹古𦃃

岧劭鉊軺𡋟

到聲菿

沼聲菬

昭聲照　照省聲羔

羔聲穛窯顤

舠从舟从刖省讀若兀○案詩曾不容刀釋文云刀字書作舠

釗刓也从刀金○段云孟子引書昭我周王郭注尒疋釗我周王

号从口在丂上

号聲鴞䖘讀若鎬枵鄂

號从号从虎○姚張竝云号亦聲

號聲𧇊讀若鎬饕或叨籒號　號省聲虢

謼錯曰今通作號遂無作此字者

唬虎聲也从口虎讀若暠○張彥惟云說文無暠字據字當从日高聲此部聲也姚以唬爲號省聲號从之頗有義

高 崇也象臺觀高之形从冂口

高聲 **蒿毃敲鬻嗃槀鄗** 此字轉入聲音曜 **槀歊䯨**犒**稾熇滈鰝縞塙鎬**

蒿省聲 **薨薧**

歊聲 **𣻉**

喬 从夭从高省烏程嚴氏說文校議引宋本作高省聲

喬聲 **鐈蹻趫鷮嬌橋僑譑驕獢撟繑蟜鐈**

巢 鳥在木上曰巢在穴曰窠从木象形

巢聲 **璅藻**或**薻樔鄛摷繅勦𤢞**

弔 篆作𢏾从人持弓

弔聲 **逊盄𥚃** 讀若**䨥**

毛 象形

毛聲芼毷旄秏覒苗讀若髦

朝旦也从倝舟聲舟聲在幽部

朝聲廟古庿朝省聲淖

鼂篆鼂鼂讀若朝从黽从旦揚雄說匽鼂蟲名杜林以爲朝旦非是餘曰俗作晁○苗云篆文旦聲今本譌作皀非

尞从火从昚昚古文慎字隸作尞

尞聲璙遼鷯膫或膋簝橑竂僚獠燎療憭潦撩嫽繚璙鐐轑

橑聲穛或藔

爂火飛也从火𡘮與䙴同意鍇本作與䙴䙴同意下有闕字隸作票

票聲蔈嘌瘭瞟膘讀若繇剽標旚瓢幖僄覭驃熛慓漂摽嫖縹飄勡鏢

爂省聲𢋅

麃聲藨𧕰鄜穮儦瀌鑣或䴼

㬥 古𤋬 晞也从日从出从𠬞从米古文𤋬聲○按漢書㬥室應劭曰今爲薄室㬥轉薄入魚韵此劉申甫氏所謂宵魚同入也

㬥聲 襮爆瀑 詩曰終風且瀑 㬥省聲 曓暴

暴 疾有所趣也从日出夲廾之○張彥惟云終風且暴宜从此古亦通借

㬥聲 鸔

表 古𧞐 姚云古文麃聲張彥惟云表可云毛亦聲班固西都幽通敘傳凡五見或韵幽或韵虞皆合韵

夭 屈也从大象形

夭聲 芺笑枖

芺聲 䅦鴁飫 詩曰飲酒之飫 沃妖

沃省聲 鋈

交 交脛也从大象形

交聲 茭𨒪齩效駮骹筊校郊𠪚窔皎佼駁狡烄恔洨鮫姣蛟 交省聲 [illegible]

古𦥑 身中也象人要自臼之形从臼 隸作要

䌊 要聲 𦾬旟

䌊 从交从糸張彥惟云姚交絞字於交聲未詳所本別本有作糸聲者尤誤姚云據錯本未知何刻且字在交部不得直云交聲或交亦聲耳姑次此俟攷

垚 土高皃从三土

堯 古㚁 堯从垚在兀上

堯聲 蕘嘵趬譊⿰堯攵翹膮饒橈曉皢僥顤嶢磽驍獟燒澆撓嬈繞蟯鐃

曉聲 鐃

勞 古𤏿

勞聲 嘮癆澇 勞省聲 犖

皃 或𩑈 籀貌 頌儀也从人白象人面形姚云或體籀文皆豹省聲

顉聲蘏䫆

苗

苗聲𥕦緢

䚻

徒歌从言肉

䚻聲傜

䍃

从缶肉聲錢曰當从䚻省乃得聲

䍃聲瑤嗂䠛謠姚云今本脫此字據六書故弟十一引唐本補鷂榣䌊搖媱䌛或䌛姚云今本脫正篆據韵會

二䌛及偏旁補

䌛聲𦅼䌛圞

䌛省聲繇

䌛聲𧄒邎繇讀若燒

盜

从次次欲皿者

糾 繩三合也从糸丩錯本作丩聲入幽部案字在丩部不得云丩聲或當云丩亦聲

龠 从品侖

侖聲 龡⿰足龠龤䚥爚瀹⿵門龠

籥頁讀與聲籲籥同

丵 叢生艸也象丵嶽相並出也讀若浞

丵聲 糳

糳省聲 鑿

虐 虐殘也从虍虎足反爪人也

虐聲 謔瘧

翟

翟聲 藋⿰石翟躍鸐⿰米翟燿濯擢嬥蠗

耀聲糶

糴从入糴段曰糴亦聲○張彥惟云史記貨殖傳引諺樵糴為韵

樂

樂聲瓅藥嚛鑠觻櫟爍或𤻲𤻲鍇本讀若勞礫濼鱳纅鑠轢

爵古[illegible]禮器也象爵之形中有鬯酒又持之也所以飲器象爵者取其鳴節節足足也隸作爵

爵聲爝灂釂

雀从小隹讀若爵同

雀聲𢧵轉脂部隸作截

卓古𠧟高也早匕為卓匕卪為卬皆同義

卓聲趠逴踔穛罩倬焯悼淖鯙掉婥䵵或綽

弱橈也上象橈曲彡象毛氂橈弱也弱物并故从二弓

弱聲 蒻𦡞愵讀與惄同 溺搦嫋 弱省聲 䚮

勺 拕取也象形中有實與包同意

勺聲 礿玓芍箹或肑杓旳秎仢豹䶂灼尥汋扚妁約葯釣酌

的省聲 馰

約聲 箹

敫 从白从放讀若龠○張彥惟云月出皎兮釋文本又作皦

敫聲 璬噭徼謷鷔檄覈竅或竅曒憿激擊鷔墽

噭省聲 𣢑讀若叫呼之叫

叏 詩云叏兮達兮从叉中○張彥惟云案今詩作挑釋文云說文作叏然今說文達引詩亦作挑也

叏聲 𤚩讀若滔

弢 弓衣也从弓从叏

瞿 从网隹讀若到

幺 小也象初生子之形

隺 高至也从隹欲上出冂○張彥惟云案白鳥翯翯孟子引作鶴

雈 隺聲 **䨮** 詩日食及雈 **𤜸鶴𦞦榷䳽騅燿滜搉**

杲 明也从日在木上 錯本讀若槀

杳 冥也从日在木下 案杳冥雙聲

梟 不孝鳥也日至捕梟磔之从鳥頭在木上○張彥惟云東方朔七諫梟桃爲韵梟一作鴞鴞号聲也又疑號當是号亦聲

梟聲 **鳴鄡**

皛 从三白讀若皎

𡿺 頭髓也从匕匕相匕箸也巛象髮囟象𡿺形俗作腦○張彥惟云司馬相如上林賦腦倒爲韵

𡿺省聲 **嫋**

褭 以組帶馬也从衣从馬唐韵奴鳥切

県 到首也賈侍中說此斷首到縣県字鍇曰漢律有県首多借梟字

覞 竝視也从二見唐韵弋笑切

屵 从厂从之省讀若躍鍇本作从之省聲非是

休 从水从人鍇本讀與溺同鉉本別出尿字今删

肁 始開也从戶聿唐韵治小切○段云凡經傳言始者皆肁之叚借肁聲肈別出肈字删

料 量也从斗米在其中讀若遼

斆 擇也从攴𥿆聲周書曰斆乃甲胄○段云各本𥿆聲誤𥿆或罙字依今音洛蕭切○按此𥿆字當如今讀

窅 深目皃从穴中目唐韵烏皎切

𠬪 从爪从又讀若詩摽有梅

通韵

滔蜩酒俦舟老俱幽部韵聲近相通○附說文朝舟聲在幽部雔讀若醻酉禂讀若雕歍讀若叫呼之叫犮讀若滔㑭讀與愁同四字讀若皆在幽部○以上俱聲近相通

轉音

附說文少丿聲在脂部詳本字下操讀若藪轉侯部舠讀若兀轉脂部一二字俱以雙聲互轉羋讀若浞轉侯部聲相近訬讀若毚入侵部與鈔之楚交切爲一聲之轉[illegible]雥聲在緝部說詳彼截雀聲轉脂部說詳彼

論曰此部爲蕭宵肴豪之正音稍斂之則近幽而實不同部江謂類還無疊界者是也入聲則皆从去聲而轉亦間與平上互通妁約从勺聲藥或體療之類今北音大抵如是此其稍異於幽部者也幽部惟包聲之雹與此相近

贊曰宵幽同類其韵彌高於情爲喜斯詠斯猶去入之轉厥類惟昭近幽遠魚分析無肴

古韵通說卷十五

弟十五部 陽

平 上 去 入
陽唐 養蕩 漾宕 無
分庚 分梗 分敬

詩韵

筐行周南卷耳一章 岡黄觥傷三章 荒將樛木二章 廣泳永方漢廣一二三章 方將召南
鵲巢二章 陽遑殷其靁一章 裳亡邶綠衣一章 頏將燕燕二章 方良忘日月三章 鏜兵
行擊鼓一章 行臧雄雉四章 涼雱行北風一章 景養二子乘舟一章 襄詳詳長鄘牆有茨二章
唐鄉姜桑中一章 上一二三章 彊良兄鶉之奔奔一章 堂京桑臧定之方中二章 蝱行
狂載馳三章○此分章从朱 湯裳爽行衛氓四章 廣杭望河廣一章 梁裳有狐一章 陽簧房

王君子陽陽一章　牆桑兄鄭將仲子二章　黃襄行揚大叔于田二章　彭旁英翔清人一章　行
英翔將姜忘有女同車二章　狂褰裳一二章　昌堂將丰二章　裳行三章　瀼揚臧野有
蔓草二章　明昌明光齊雞鳴二章　昌陽狼臧還三章　堂黃英著三章　明裳東方未明
一章　兩蕩南山二章　湯彭翔載驅三章　昌長揚揚蹌臧猗嗟一章　霜裳魏葛屨一章
方桑英英行汾沮洳二章　岡兄陟岵三章　堂康荒唐蟋蟀一二三章　行桑粱嘗常鴇羽
三章　桑楊簧亡秦車鄰三章　蒼霜方長央蒹葭一章　堂裳將忘終南二章　桑行行
防黃鳥二章　裳兵行無衣三章　陽黃渭陽一章　湯上望陳宛丘一章　魴姜衡門二章　楊
牂煌東門之楊一章　翔堂傷檜羔裘二章　稂京曹下泉一章　陽庚筐行桑豳七月二章
桑斨揚桑三章　黃揚裳同上　霜場饗羊堂觥疆八章　場行東山二章　斨皇將
破斧一章　魴裳九罭一章　簧將行小雅鹿鳴一章　享嘗王疆天保四章　剛陽采薇三章　方
彭央方襄出車三章　陽傷遑杕杜一章　桑楊光疆南山有臺二章　瀼光爽忘蓼蕭二章

藏貺饗彤弓一章　方陽章央行六月四章　鄉央衡瑲皇珩采芑二章　央光將庭燎一章
湯揚行忘沔水二章　桑粱明兄黃鳥二章　祥祥斯干七章　牀裳璋喤皇王八章
霜傷將京痒正月一章　行良常臧十月之交二章　向藏王向六章　臧臧小明二章　盟
長巧言二章　行行何人斯五章　霜行大東二章　漿長光襄五章　襄章箱明庚行六章
揚漿七章　彭旁將剛方北山三章　牀行四章　仰掌五章　將湯傷忘鼓鐘一章
蹌羊嘗亨將祊明皇饗慶疆楚茨二章　將慶六章　享明皇疆信南山六章　明羊
方臧慶甫田二章　粱京倉箱粱慶疆四章　泱瞻彼洛矣一二三章　黃章章慶裳裳者華二章
上柄臧頍弁一章　仰行車舝五章　抗張賓之初筵一章　良方讓忘角弓四章　黃章望
都人士一章　藏忘隰桑四章　粱良白華七章　亨嘗瓠葉一章　黃傷苕華一章　黃行將方
何草不黃一章　常京大雅文王五章　上方王大明一章　商京行王二章　祥粱光五章　王
京行王商六章　洋煌彭揚王商明八章　伉將行緜七章　王璋棫樸二章　章相

王方五章　兄慶光喪方皇矣三章　京疆岡六章　陽將方王同上　王方七章○段云同

爾兄弟後漢書伏湛傳作弟兄入韵　王京下武一章・王京文王有聲七章　將明既醉二章　皇王忘章

假樂二章　疆綱三章　康疆倉糧囊光張揚行公劉一章　岡京三章　長岡陽五章

糧陽荒同上　長康常卷阿四章　卬璋望綱六章　岡陽九章　康方良明王民勞一章

明王板八章　商蕩二三四五六七八章　明卿四章　螗羹喪行方六章　尚亡抑四章

章兵方同上　將往競梗桑柔三章　王痒荒蒼七章　瞻○相臧腸狂八章　疆粻

行崧高六章　將明烝民四章　彭鏘方七章　張王章衡鍚韓奕二章　彭鏘光四章　湯

洸方王江漢二章　祥亡瞻卬五章　罔亡罔亡六章　喪亡荒召旻一章　荒康行周頌天作

方王饗我將　王康皇康方明喤將穰執競　王章陽央鶬光享載見　王忘

閔予小子　將明行敬之　香光載芟　皇黃彭疆臧魯頌駉一章　黃明有駜一章　皇揚

泮水六章　王陽商閟宮二章　嘗衡剛將羹房洋慶昌臧方常四章　嘗將商頌那

疆衡鶬享將慶穰享疆嘗將烈祖　商芒湯方玄鳥　商祥芒方疆長將商長發一章　衡王七章　鄉湯羌享王常殷武二章○以上平上去聲

經韻

囊裳黃周易上經坤六四六五上六　荒亡行泰九二　亡桑否九五　光王觀六四　享尙坎　壯罔下經大壯九三　往享損　亘望歸妹六五　筐羊上六　望亡中孚六四　防戕小過九三　疆享疆行常行慶疆彖上傳坤　行享往行小畜　剛享明履　明行享大有　享明行謙　享明章行噬嗑　享往賁　剛長象行剝　行長復　養

養頤　行往享大過　享行長象下傳遯　上明行晉　行明行剛睽　上行往享行損　疆光慶行疆方行益　剛光夬　剛長章行姤　享慶行升　當亡革　明行剛享鼎　行明艮　當剛歸妹　剛明旅　行剛巽　享行小過　享當既濟　方光象上傳坤　剛常屯　明光長同上　行常需　長明訟

當行當師　傷上比　明行當剛行當慶履　當行當長否　剛行同人

當行剛亡長豫　當長當臨　行剛當光當明噬嗑　慶行大畜　光上慶頤

罔往當詳長彖下傳大壯　行當慶光晉　當剛行慶亡睽　當明光長夬

當光上萃　明慶剛祥困　當行上同　剛當光行喪震　當當行良行

筐歸妹　當明行慶翔藏豐　傷喪旅　當慶當光兌　當上當長中孚　當

長上亢小過　當行未濟　象像繫辭下傳易者象也以下　彰剛望君子知微三句　方常行初率

其辭以下　藏明行文言傳乾　剛方常光行慶殃文言傳坤　剛行彖傳巽卦　○明良康尚書

皐陶謨皐陶賡載歌　喪亡往湯誓時日曷喪以下　黨蕩洪範皇極之敷言　明昌無虐煢獨以下　行光

王是訓是行以下　明章康百穀用成以下　○疆慶儀禮士冠禮三加爵弁祝辭　芳祥忘士冠禮醴辭

慶疆士冠禮三醮辭　○强防黨攷工記弓人維幹强之六句　○强亾强枉大戴禮武王踐祚篇从段氏引學記正義

傷長盥銘　杖杖觴豆銘　張良常讓讓堂行張投壺篇命射辭　○堂揚小戴禮曲禮上將上

堂將入戶將卽席等皆韵語也　仰放檀弓上子貢語　亨羊饔祥禮運然後退而合亨以下　相更少儀怠則張而
相之二句　往枉同上無拔來四句　當昌祥當綱樂記天地順而四時當以下　方將明孔子閒居言五
起○鏘姜昌卿京春秋左傳莊二十二年繇辭　亾昌閔二年卜辭　競病僖七年引諺　羊盇
筐貺償相僖十五年筮辭　上堂文二年狠瞫引周志　商亾昭二十六年引詩　翔廣昭五年筮辭
唐常方行綱亾哀六年引夏書　陽兵姜商九年卜辭○綱上周語單襄公引諺　嘗陽太子晉引
諺　祥殃亾越語范蠡引所聞上帝不考以下　荒荒常范蠡對越王馳騁弋獵以下　皇常行陽匡
常行陽剛范蠡引所聞○揚疆張光孟子滕文篇引大誓○陽明藏英爾雅釋天祥　桐壯陽
釋天月名○英傷離騷　裳芳同上　荒章常傷同上　殃長同上　當泿同上　桑羊同上
當芳同上　央芳同上　長芳同上　行悵同上　鄉行同上　良皇琅芳漿倡堂
康九歌東皇太一　芳英央光章雲中君　望張上湘夫人　堂房張芳衡同上　翔陽
坑大司命　方桑明東君　裳狼降漿翔行同上　望蕩河伯　行傷國殤　明藏尙

古韵通說卷十五　陽　四

行天問　揚光同上○二句一韻　方桑同上　堂臧同上　尙匠同上　饗喪同上　臧羊

同上　兄長同上　行將同上　方狂同上　將長同上　亡嚴饗長同上　長彰同上

抗旁九章惜誦　糧芳同上　英光湘涉江　陽傷同上　當行同上　亡行哀郢　傷長

抽思　亡光一作完○同上　章明懷沙　量臧同上　強像同上　將當思美人　揚章同上

長像橘頌　傷倡忘長芳章芳貺羊明悲回風　湯行同上　行鄉陽英壯放

遠遊　行芒同上　涼皇同上　鄉行同上　長明通卜居○以上平上去聲

本音

昜从日一勿

昜聲　諹場募陽腸蕩觴煬楊暘瘍崵碭煬鸉傷古𥾯姚云今本古文誤分爲二據華嚴音義移

幷　湯揚古敭颺場暘陽

蕩聲　盪

鐊省聲觴籀𥥍从爵省傷

碭省聲宕

湯聲盪簜盪

暘聲[illegible]

陽聲鐊

傷省聲婸

煬省聲愓

灮古𤎩炗灮从火在人上隸作光

光聲桄晄侊駫洸

炗聲黃古𡕛黃隸作

黃聲璜艎俗觥簧橫或𪏻姚云今本無或體據李賢後漢書儒林傳序注補廣礦古卝嚴氏據一切經

音義卷廿四攷古文作硃互詳元部卝下潢黃讀若彉郭蟥

橫聲潢

廣聲擴曠礦獷廣纊或絖壙

亢或頏人頸也从大亢省象頸脈形

亢聲迒或𨀜兂邟秔或稉伉斻犺炕苀忼沆魧抗或杭䀪阬

慶行賀人也从心从夊吉禮以鹿皮爲贄故从鹿省

永

永聲詠或咏泳

丙

丙聲㪅隸作更柄或棅秉聲邴寎病炳怲鮩

㪅聲哽骾梗郠鯁綆埂

亾从入从乚鍇曰乚音隱

亾聲芒罯𢼸讀與撫同盲肓盳盬古目肓㠩隸作良宋郎萌㠩上从古到亾古𠅖隸作長㠩

㳢妄眠蝱甿

良聲琅莨眼筤根郎朖㝗硠狼浪閬蜋鋃斲稂

長聲萇韔棖帳倀悵張

忘聲莣

㐬聲荒謊㡛駹鯇絖

郎聲蓈或稂

荒聲穔

网或罔䍏古㓁籀𦉪隸作罔鍇以罔网為亾聲

罔聲岡蝄

岡聲 犅剛古㓻綱古柠

丄篆上

王古𤣩

王聲 迋㞷

皇

皇聲 瑝喤篁䅣煌惶湟蝗鍠隍

𠷎籀𠷎亂也从爻工交吅讀若穰

𠷎聲 𧮫襄古𡬁隸作襄

襄聲 瀼蘘讓䑋𥳞饟𨞰曩穰驤攘孃纕蠰壤鑲釀

襄省聲 囊

釀聲 醸

行

珩胻衡古㚘衍 行聲

章

璋章聲 贛 鄣 彰 麞 漳 墇 障

商章省聲 商古 𧶜 𧶜 籀 𧶜

商商省聲

彭 鼓聲也从壴彡聲○按趽讀與彭同彡聲不可通疑誤段改从彡謂彡即三言鼓之三闋也未知其審苗氏謂从彭省聲

鬃彭聲 或 祊

鬻 或 鬻 鬻 小篆 羹

爽 篆 爽

鷞爽聲 ⿰爽瓦

相

芊 相聲箱想湘霜祥也从𦍌象頭角足尾之形孔子曰牛羊之字以形舉也○隸作羊

羊聲祥詳翥翔羌古𦍋養古羖痒庠恙洋羨姜蛘

羌聲唴

羕聲樣漾古瀁

皀 穀之馨香也象嘉穀在裹中之形匕所以扱之或說皀一粒也又讀若香○張彥惟云香是此文正音錯本讀上無又字是也孫愐朱翺並皮及切皆非古音此文古不應有入聲也段云顏氏家訓云皀有方力反一音而不云出說文又字上疑有奪文許書中卿鄉字从皀聲讀若香之證也鳥部鵖从皀聲爾雅音義彼及反郭房汲反字林方立反是則皀有在緝部一音當云讀若某在又讀若之上

皀聲鄉隸作卿

鄉聲響饗𨛜嚮鄉爲如蚼

鄉省聲量古量

量聲糧

倉 古文倉字 仝 倉从食省口象形

倉聲 瑲蒼蹌鶬或䳉槍愴滄凔⿷匚倉鎗

刅 或創 从刅从一 或體倉聲

刅聲 㧊梁古文渿

梁省聲 粱

㒳 再也从冂闕 从二入也㒳从此闕○張彥惟云凡許注云某从此者卽爲从字之聲莧寬弜㚘厂虒乎㸚乍鬲𠀆宿夾陝皆其證也故从㒳入此部

㒳聲 兩

兩聲 脼緉蜽

央 从大在冂之內大人也央㫄同意

央聲英詇鞅鴦㹧盎或㼜柍秧怏泱抰姎紻坱

英聲瑛

盎聲醠

京人所為絕高邱也从高省丨象高形

京聲[牛京]諒椋景倞涼黥或剠姚云今本或體誤作剠據睽卦釋文改涼勍輬䣼

景聲憬

涼省聲䬋

亯篆亯獻也从高省曰象進孰物形。按漢郊祀志鬺享上帝鬼神師古注鬺亨一也謂亨煑而祀也故知古亨煑字亦讀入此部

桑

桑聲顙搡姚云今本脫此字據若一切經義卷十一補

𡉚古𡉚𡉚从之在土上讀若皇隸偏旁作王

徨圭聲古迋㪻𩀨或𡈼枉狂古㤮汪匡或筐䡅

䳡徨聲

誑狂聲𢓴㤮

邼匡聲恇洭軭

尢古𡯂尢𡯁曲脛也从大象偏曲之形𡯁或作跛古文㞷聲

昌籀昌从日从曰

唱昌聲倡閶

囧窗牖麗廔闓明象形讀若獷賈侍中說讀與明同

朙囧聲古明

萌朙聲莔明省聲

盟籀𥂴古盟

古韻通說卷十五陽　九

爿 張皋文云說文爿聲字甚多蓋字寫脫漏當補爿字

爿聲 壯牂牁牄牆籀牆牆牆牀狀牸戕斨牆古牆籀牆

壯聲 莊古粧裝奘奘

牆聲 蘠

牀省聲 妝

戕聲 臧籀臧藏

牆省聲 將

將省聲 蔣醬䇞 將省聲 獎奬俗作漿浆俗作古牀

香 从黍从甘隸省作香

向

向聲 珦尙餉

尙聲 惝敞嘗棠賞鄁常戓裳黨掌償堂古坣籒臺當

嘗聲 鱨

賞聲 償

黨聲 黨攩

堂聲 驣樘闛鏜

臺聲 𨞨

當聲 蟷鐺

卬

卬聲 訪迎靰枊駒仰姚云卬亦聲今从之

朢古𦣠朢月滿與日相望以臣朝君也从月从臣从𡈼𡈼朝廷也

朢聲 譠 朢省聲 望

方或汸

方聲 旁古㫄𣃟籀雱芳昉（讀與彭同）訪旊髣放肪枋邡仿籀㑂舫魴或鰟房妨

瓬（讀若抵破之抵）紡鈁防或埅

旁聲 嗙徬謗膀或髈榜[旁+阝]䅭傍騯滂搒[旁+斗]

兄

兄聲 怳況

庚

庚聲 唐古啺穅或康（隸作康）

唐聲 鎕

康聲 㝩歑漮

[illegible]籀𢍰（兵械也从廾持斤 古文兵从人廾干）

畕 比田也从二田○段云玉篇居良切以畺之音皮傅之而巳竊謂田與田相乘所謂陳陳相因也讀如隊列之隊

畺 或疆 界也从畕三其界畫也

畺聲 韁橿僵礓或麠鱷或鯨彊繮

彊聲 薑

強 籒彊 強錯云強从弘聲不相近張皋文云籒文彊聲秦刻石文強从口疑从籒文省弘聲在蒸部

強聲 礓繈勥古勥

弜 彊也从二弓唐韵其兩切

象 象形

象聲 像或𢡩像豫潒勨錯本讀若演張皋文云演疑漾

匚 籒𠥱 受物之器象形讀若方

匠

匠聲[illegible]

葬 張彥惟云荀況賦篇章明葬彊王亾王爲韵此會意字鍇本誤多廾亦聲三字

丈 十尺也从又持十 丈聲**杖**

誩 从二言讀若競

競 从誩从二人

竟 从音从人○按黃庭經藏壯竟杖爲韵 竟聲**滰境鏡**

爪 亦丮也从反爪闕○段云謂闕其音也唐韵肊爲說曰諸兩切蓋以爲手卽是掌也小顏云爪古掌字又何必於許所闕而強爲之辭乎爪之變爲仉見廣韵

秉 从又持禾○張彥惟云柄或从秉蓋秉聲宜在此部

臦乖也从二臣相違讀若誑

臩驚走也一曰往來也从夰臦周書曰伯臩古文臦古文囧字姚云臩當从臦聲周書伯囧史記作伯臩囧讀若獷與臦同類

皿飯食之用器也象形讀若猛○段云古孟猛皆讀如芒

皿聲寍孟古𡥜

孟聲猛

鬯从凵凵器也中象米所以扱之唐韵丑諒切凵音祛

竝併也从二立○段云併下曰竝也二篆爲轉注鄭注禮經古文竝今文多作併是二字音義皆同之故也古書亦多用爲傍字者傍附也

竝聲䰃湴姚云今本脫此字據一切經音義卷十八補

亮姚云今本脫此字據六書故弟八引唐本補

杏从木可省聲○按可省聲不可曉王筠說杏从木口象果形非字也其說甚韙

杏聲莕或荇行聲

古韵通說卷十五陽　七三

通韵 無

轉音

瞻本音在覃部轉音當讀如章 嚴本音在覃部天問以韵亾饗長則當讀如羊殆擬詩殷武監嚴濫遑爲韵者歟 強口聲在蒸部詳本字下 懲本音在蒸部與此部爲一聲之轉 降本音在冬部聲轉則入此部猶堂行之入冬部也老子五色令人目盲五聲令人耳聾聾當讀入陽部與旨爽狂互協蓋周末時已有此音 ○ 附說文 彭彡聲詳本字下 彉讀若郭在魚部爲此部入聲之轉唐韵以藥鐸配陽唐不爲無見特古人未嘗以平入通協耳 瓬讀若瓬破之瓬按瓬不成字當是轉寫之譌攷工記注大鄭讀爲甫始之甫後鄭讀如放於此乎之放與許同甫放雙聲俱與方聲爲近 攺讀與憮同按亾無古通互詳魚部無聲下 勬讀若演轉與部詳本字下 杏可省聲轉歌部詳本字下

論曰此部古皆獨用無與他部相襍廁者自漢以來始以英明京兄等字與庚清部中字互協攷諸風詩可以得古音之正其與冬東通協者則詩烈文之疆皇字禮曲禮之王字離騷九歌之堂字九章之行字要皆以此部之韵出而就彼但可謂之轉不可謂之通自九歌以江韵之降與裳猨

蹤爲韵後人遂據此爲江陽互通之證不知江自與冬東爲一類陽唐自爲一類未可以方音偶見而遂爲之通叚也要之此部中字重讀之則爲冬東輕讀之則爲庚清此古今音韵之流變顧亦不自今日始矣

贊曰陽唐同類於聲則商於行則火其聲清揚昔皋贊舜賡歌明良流徽億載美哉洋洋

古韵通說卷十六

第十六部 耕

平　　上　　去　　入

耕清青　　耿靜迥　　諍勁敬

分庚　　分梗　　分徑

詩韵

縈成周南樛木一章　丁城兔罝一章　定姓麟之趾二章　盈成召南鵲巢三章　星征小星一章　盈鳴邶匏有苦葉二章　盈鳴同上　旌城鄘干旄三章　青瑩星衛淇奥二章　清盈鄭溱洧三章　鳴盈鳴聲齊雞鳴一章　庭青瑩齊著二章　名清成正甥齊猗嗟二章　菁睘姓唐杕杜二章　鳴苹笙鳴小雅鹿鳴一章　平寧生常棣五章　丁嚶伐木一章　鳴聲聲生聽平同上　定聘采薇二章　成征六月二章　鳴旌驚盈車攻七章　征聲成八章　庭楹正冥

寧斯干五章　定生寧醒成政姓節南山六章　領騁七章　平寧正九章　程經聽爭

成小明四章　令鳴征生小宛四章　生生巧言二章　冥頴無將大車二章　領屏桑扈二章　營

成黍苗四章　平清成寧五章　青生苕華二章　生楨寧大雅文王三章　成生緜九章　屏平

皇矣二章　營成靈臺一章　聲聲寧成文王有聲一章　正成七章　靈寧生民二章　涇寧清

馨成鳧鷖一章　鳴生卷阿九章　屛寧城板七章　人刑聽傾蕩七章　政刑抑三章

盈成十章　牲聽雲漢一章　星羸成正寧八章　營城成崧高四章　平定爭寧江漢二章

霆驚常武三章　平庭六章　城城瞻卬三章　成禎周頌維清　庭聲鳴聽成有瞽　庭

敬閔予小子　聲寧載芟　盈寧良耜　成聲平聲聲商頌那　成平爭烈祖　聲靈寧

生殷武五章　以上平上去聲

經韻

盈平周易上經坎九五　井井井井瓶下經井　元天形成天命貞寧彖上傳乾　元生

天坤 生貞盈寧屯 中成正淵訟 正賢天大畜 生平象下傳咸 成成恆
正定家人 亨正命萃 信正革 成命人同上 成民節 貞天中孚 正
民象上傳屯 聽正需 正敬訟 正命臨 賓民平觀 正命正象下傳晉 井
正成井 正聽艮 極正未濟 精生繫辭下傳男女構精二句 平傾危者使平二句 亨情
正精情天平文言傳乾 正定襍卦傳 ○姓明虞書堯典平章百姓二句 ○正令儀禮士冠禮三加爵弁祝
辭 ○敬正大戴禮武王踐祚篇丹書 聲旌投壺篇命射辭 寧靈公冠篇下士祝辭 經刑易本命篇東西
爲緯以下 ○凊省爭禮記曲禮冬溫而夏凊三句 成貞文王世子篇引語 成生經凊平寧樂記小大
相成以下 正定定聲紀綱既正以下 靈形生孔子閒居地載神氣以下 正清寧成生成政姓
緇衣引詩 ○挺局令定春秋左傳襄五年引逸詩 幸幸宣十六年引諺 ○城金周語伶州鳩引諺 聽誠
刑生貞傾晉語國人誦改葬共世子 成榮叔詹引諺 生形征成刑越語范蠡對越王逆節萌生以下
成形范蠡引所聞聖人之功節 ○清纓孟子離婁篇引孺子歌 ○生贏成寧正爾雅釋天祥 ○情聽離騷

古韵通說卷十六 耕 二

正征同上　征庭旌靈九歌湘君　菁成少司命　旌星正同上　冥鳴山鬼聽

刑天問　營成傾同上　營盈同上　寧情同上　情正九章惜誦　情路同上　正聽抽思

星營同上　盛正懷沙　征零成情程遠遊　榮人征同上　耕名身生眞人清

楹卜居　清輕鳴名貞同上　醒清漁父　清纓同上　以上平上去聲

本音

井

井聲　[illegible]耕阱或穽古汬荆邢姘

荆聲　型鉶

冥　幽也从日从六冂冂聲在支部

冥聲　蓂瞑鄍幎覭溟嫇螟　冥省聲　汨

鼏聲　𧖅或蜜

熒 从焱冂

熒省聲 瑩謍罃榮縈覮營褮 讀若詩曰葛藟縈之一曰若靜女其袾之袾段云之袾當作之靜是也 榮嫈縈

瑩鎣 讀若銑、 [illegible]營

瑩省聲 犖

榮聲 [illegible]嶸 榮省聲 [illegible]鶯

營省聲 煢

生 象艸木生出土上

生聲 牲眚胜笙旌曐古[illegible]或星殅性鮏姓甥

星聲 腥猩

賏 从二貝

賏聲 嬰罌

嬰 从女賏鍇本通論賏亦聲

嬰聲 嚶鸚郹癭䙬纓

貞 貞聲 禎楨湞隫

鼎 从貞省聲古文以貞爲鼎籒文以鼎爲貞鉉本無省聲

寍 寍聲 寧〔寧〕鸋 〔寧〕聲 濘 〔寧〕省聲 甯

頃 頃聲 頴傾潁穎隫

〔幵〕 幵聲在元部又入脂部

幵聲 刑邢形郉幷

刑聲 荆 古 荊

幷聲 荓骿餅䴵或瓶栟郱併屏絣庰駢姘𪗬絣蛢軿洴

屏聲 偋

平古 𠀭

平聲 苹⿰牛平枰䶄泙抨坪

苹聲 萍或蓱 姚云或體說解洴聲今本無洴字據釋艸釋文萍或作蓱玉篇蓱同萍是一字後人誤分今仍移併

盈 从皿乃

盈聲 楹⿰糸盈或⿰糸呈 ⿰糸盈讀與聽同

靑古 𡴀 東方色也木生火从生丹

靑聲 菁請鯖精倩靚彰崝猜靖情淸凊婧綪蜻

靚聲 覿
𡈼 善也从人士一曰象物出地挺生也
𡈼聲 呈廷聽 𡈼省聲 巠坙
呈聲 逞裎程郢或𨛭程裎聖醒戥徒結切轉質部
廷聲 珽莛筳梃侹頲庭霆挺娗綎蜓鋌
巠聲 莖牼徑踁脛剄桱窒痙頸㞓䞓或赬䞓浾泟桱涇䵻娙經蛵勁鋞
輕 陘
聖聲 檉
輕聲 鑋讀若春秋傳曰鑋而乘它車案說文無鑋字
磬古殸籀硜
殸聲 謦罄馨槃聲韾

敬
敬聲　璥警檠儆驚憼

霝
霝聲　靈或𩆜蘦齡櫺酃䨩麢龗孁蠕

丁
丁聲　玎芋訂靪亭朾頂或䪴籀顛汀或𢆉打姚云今本在新附據一切經音義卷六移此　町釘

阝丁成古戚
成聲　誠盛郕宬城籀𩫨

名

正古𤴓𤴔正从止一以止
正聲　延或征延証整政鏡𥿋鉦

古韵通説卷十六耕　五

定 从宀从正

定聲 錠

鳴

爭

爭聲 琤爭諍箏靜䋫竫淨綪 旌讀若 埩錚

靜聲 瀞

甹

甹聲 ⿱甹只 讀若聲鍇作磬 梬俜騁聘娉 甹省聲 ⿱罒丂 讀若亭

⿰彳甹 ⿰言甹聲說文無⿰言甹字今附此

𣎆 𣎆聲歌部來

嬴 𣎆省聲歌部來

眉古𥄳隸作省

省聲楣湄媚蝞

觲用角低卬便也从羊牛角詩曰觲觲角弓隸變作觪

觪省聲垟張彥惟云案鍇疑義篇云說文垟字从騂省聲而無騂字脫誤今鍇本垟亦作觪省聲可知非原本矣

奠置祭也从酋酋酒也下其丌也

奠聲鄭⿸广奠

冂古同或坰林外謂之冂象遠界也

同聲迥詗高或廎駉炯洞扃絅

炯省聲耿从鍇本

耿聲褧

晶精光也从三日

珡隸作幸○張彥惟云管子正篇命徑幸爲韻證以綷讀若陘知命爲合韻也幸聲宜入此

幸聲婞綷讀若陘

轟羣車聲也从三車

奮張彥惟云淮南子原道篇奮生爲韻

奮聲⿰忄奮

通韻

令領零天命淵賢信人民賓身眞眞部韻俱聲近相通

轉音

亨本音在陽部江云亨獻之享與亨通之亨亨養之亨古同一字故享字亦讀入此部明本音在陽部轉音如今讀猶九章用此字與身叶也睘本音在元部乃焭字之叚借陸氏音義本亦作焭元本音在元部轉音當讀如昀中本音在東部轉音當讀如珍近時方音有如此者猶榮之讀入東部也金本音在侵部轉入此部與今音爲近戢呈聲轉質部說詳彼極本音在之部此部無入聲朱子本義云極字未

詳攷上下韵亦不叶恐是敬字今且闕之技極敬雙聲春秋左傳昭元年秦公子鍼曰非𩕳何忌注忌敬也卽以忌作敬字用此亦靡以極作敬字用也**路**本音在魚部去此絕遠張彥惟改此字與上釋白字韵而以情與下鬭䏝合韵亦無確據姑存以俟攷**幵**幵聲在元部轉音讀如輕彤䢦等字从之故竝夰幵聲入此說詳元部轉音下**鋈**讀若銑轉諄部銑之轉音如省察之省與鋈之烏定切為近**羸**𣎆聲歌部來**嬴**𣎆省聲歌部來說俱詳彼**冥**冂聲支部來平與入為雙聲也

論曰此部中字易韵多與眞臻互通詩韵則罕有出入要其所通者亦祇通眞臻之一部非因通眞臻而遂可通諄元兩部也葢凡論古韵之嚴如此故與范無畔岸者有殊也至陽唐二韵與此部相去最近而實不相通今音如庚京明兵等字皆混陽入耕遂謂耕部中字皆可通入陽則又非也葢耕陽之分畧與魚幽相似知魚之不可通於幽卽知庚之不可通於陽所謂絕其近似而眞者始出也

贊曰耕淸一類於陽爲淸遠陽近眞是曰曉人

古韻通說卷十七

弟十七部 蒸

平　上　去　入

蒸登　拯等　證嶝

分東　分庚

詩韻

薨繩周南螽斯二章　掤弓鄭大叔于田三章　來贈女曰雞鳴三章　薨夢憎齊雞鳴三章　升朋唐椒聊一章　膺弓縢興音秦小戎三章　興陵憎小雅天保三章　恆升崩承六章　陵朋菁菁者莪三章　陵懲興沔水三章　興夢斯干六章　蒸雄兢崩肱升無羊三章　蒸夢勝憎正月四章　陵懲夢雄五章　騰崩陵懲十月之交三章　兢冰小明六章　兢冰小宛六章　弓繩采綠三章　陾薨登馮興勝大雅緜六章　烝文王有聲一章至八章　登升生民八章　繩承

抑六章 崩騰朋陵魯頌閟宮四章 乘縢弓綅增膺懲承五章、勝乘承商頌玄鳥

經韻

陵興周易上經同人九三 陵孕勝下經漸九五 升陵彖上傳坎 凝冰象上傳坤 乘興陵賁 恆承彖下傳歸妹 ○弓興攷工記弓人下 ○興崩大戴禮武王踐阼篇劒銘 ○乘弓朋春秋左傳莊二十二年引詩 陵雄襄十年繇辭 澠陵興昭十二年齊侯投壺辭 ○登崩周語引諺 懲興晉語輿人誦惠公 ○弓懲淩雄九歌國殤 興膺天問 膺勝陵文同上 膺仍九章悲回風

本音

丞从収从卩从山

丞聲 脅烝拯或抍撜姚云今本脫正篆據明夷釋文補段云抍即拯字鉉亦以拯爲俗 ⿱丞豆

烝聲 蒸或⿱艹丞

蒸省聲 ⿱艹登

承 从手从卪从𠬞

兢 競也从二兄二兄競意从丰聲讀若矜一曰兢敬也 丰聲在脂部

登 籀文𤼷

登聲 璒證䔲橙鄧憕鐙隥

豋 禮器也从𠬞持肉在豆上讀若鐙同 隸作登

灷 姚云今本脫此字玉篇云火種也在火部姑从之讀若𠈰

灷聲 𠢆或𧷏栚㑞

𦨖 我也闕 隸作朕 偏旁作朕

朕聲 滕縢賸勝騰 鍇云今俗作黛六書故引滕唐本以為或體今不从 媵螣或凌縢𦩘勝

騰聲 驣

黽 籀文䵶 段云籀文从象長足形古音讀如芒○張彥惟云左昭十二年齊侯投壺飾池闕為韻說文無澠字故當从蠅省聲然澠池亦作黽

池則从黽聲未可知也唐韻莫杏切陳立曰黽宜入陽部蠅从虫黽會意宜入蒸部鄳鼆等字蠅省聲切

窀黽姚云今本脫此字據左聲詒傳莊十四年釋文補鄳黽

蠅虫之腹大省从黽虫

蠅省聲繩

雁籀𩿧鳥也从隹瘖省聲或从人人亦聲瘖省聲在侵部人聲在眞部隸作鷹

雁聲鷹鉉補膺應

興

興聲鄳姚云今本脫此字據鍇本廣韻十六蒸韻會十蒸補嬹

曾詞之舒也从八从曰㘝聲㘝聲在東部

曾聲譄䎖矰贈鄫罾層僧增憎潧甑籀䰝繒籀縡張云縡从宰省聲亦增聲郎來贈合韻之例

厷古𠃋或肱

厷聲 雄宏谹閎紘或紭

厶聲 〓弓部

弘聲鞃穹 弘讀若宖泓強籀彊轉陽部

瞢 瞢隸作

瞢省聲 薨夢

薨聲 儚

夢聲 夢萌讀若懜緒云从夢懜 夢省聲 瞢

鳳 古文鳳象形鳳飛羣鳥從以萬數故以爲朋黨字 鳳聲在侵部 隸作朋

朋聲 棚倗讀若陪位〓古〓淜掤弸堋輣

崩聲 〓讀若陪繃

麥

夌聲掕餧棱淩掕綾陵

淩聲蔆司馬相如蔆

椉古兖隸作乘

乘聲騬

徵古𢼸召也从壬𡸁从微省

徵聲懲徵省聲瀓

仌凍也象水凝之形

仌聲馮

馮聲𨛬

冰俗凝从仌从水姚謂仌亦聲

弓以近窮遠象形

弓聲 穹

恆 古 𢛳 隸作恆○段云古文傳寫譌誤按姚氏正作亟是也

恆聲 𣓌 古 𣑴 䱭 揯 緪

𠦬 隸作升

乃 古 𠄎 籀 𠄔 乃曳詞之難也象气之出難 隸作乃張彥惟云左輒下垂筆迹小異取致也○按唐韻奴亥切姚謂古音讀若仍以所从得聲之字知之要之仍乃亦合韻通轉之字如古叚耐爲能之類也

乃聲 艿 訒 朷 鼐 集韵甯郡切 仍 扔

孕 裹子也从子从几鍇曰几音殊與朵同爲會意字一切經音義引作乃聲姚氏从之段亦改各本从几爲乃聲○按說文朵从木象形謂几也几非字故云象形此處出几字則與朵不同意姚段說是

卤 古 𠧪 驚聲也从乃省卤聲或曰卤往也讀若仍隸作廼○按卤籀文𠧪西聲在諄部相去絕遠疑此字古讀異唐韵如乘切今讀廼如乃是从或說之音謂从卤乃省聲也

再从爪冓省○張彥惟云逸周書周祝解勝稱爲韻

稱偁再聲

凭从几从任讀若馮

熊从能炎省聲○按炎聲在談部唐韻羽弓切古音當于陵切

通韻無

轉音

音綅本音在侵部與此部聲轉最近**來**本音在之部以雙聲轉入此部猶能之爲黃熊徵之爲宮徵也**陾**而聲在之部如之切以雙聲轉爲如乘切猶來之讀如棱也**言**本音在元部**文**本音在諄部○此二字皆當日方音○附說文**曾**囪聲東部來說詳彼**⿰糸辛**繒之籀文宰省聲之部來與曾聲爲一聲之轉亦來陾聲轉之例東部又有緵讀若萃正與此同**強**畺聲在陽部聲轉入此部猶夢之讀若萌也**兢**丰聲之部來說詳彼讀若矜在眞部漢時矜字已如今讀**熊**炎省聲談部來轉音當讀若凝春秋左傳敬嬴公穀作頃熊嬴在耕部與此部最近周書洛誥無若火始燄燄漢書梅福傳引作庸庸庸在東部與蒸部聲轉尤近亦其類也**夢**讀若萌轉陽部萌與夢雙聲也**倗**讀若陪位

郱讀若陪本魚部聲轉之部猶能之假借爲耐鼐之或文爲黛遴司馬相如淩字轉遴聲入眞部與今讀最近凝俗冰以疑爲聲疑在之部與此部聲轉最近卤卤聲諄部來爾雅釋詁郡臻仍迺侯乃也郡在諄部臻在眞部疑郡臻仍迺四字古本同音今書卤爲迺讀迺如乃不知乃本讀若仍也互詳本字下䧹瘖省聲侵部來人聲在眞部皆以聲相近轉朋古文鳳在侵部說詳彼

論曰此部古音獨用諸書甚明自顧氏以來無與他部通韵者劉申甫氏謂此部無上聲字不知徵之上爲宮徵之徵仍之上爲鼎鼐之鼐凡此部之上聲轉入之部者與入聲轉職德正同惟等字本音在之部今音轉入此部故得來或爲登來而螟蟘借爲螟螣也廣韵以職德配蒸登段氏以配之咍此兩部異平同入而偏旁與此不同部古亦無與此類同用者故職德應入之咍部也

贊曰與冬爲類厥有蒸登熊雄音變訛謬相仍來陝之屬是曰方音侵

古韵通說卷十八

弟十八部 侵

平 上 去 入

侵凡 寑范 沁

分覃 分東 分咸 分感 分董 分儉 分勘 分梵 分陷 分送

詩韻

覃徒林切○周南葛覃一二章 林心兔罝三章 三疏簪切 今召南摽梅二章 風孚金切 心邶綠衣四章

音南泥心切 心燕燕三章 南心凱風一章 音心四章 音心雄雉二章 風心谷風一章、

甚耽衛氓三章 衿心音鄭子衿一章 風林欽秦晨風一章 林南陳株林一章 鬵音檜匪風三章

芩琴湛排林切 林心小雅鹿鳴三章 駸諗式荏切○、四牡五章 琴湛常棣七章 音心白駒四章

簟從錦切 寢斯干六章 風南心何人斯四章 錦甚巷伯一章 欽琴音南僭莊蕩

切○鼓鍾四章　琴心車舝五章　林湛賓之初筵二章　煁心白華四章　林心六章　林興心大雅

大明七章　音男泥心切○思齊一章　心音皇矣四章　林林生民三章　歆今八章　南音卷阿一章

僭心九章　風心桑柔六章　林譖莊蔭切○九章　風心烝民八章　深今瞻卬七章　心南

魯頌泮水六章　林黮音琛金八章

經韵

心金周易繫辭上傳二人同心二句○黔巨金切　心春秋左傳襄十七年宋謳　愔音金心昭十二年引祈招之詩

○心淫離騷　風林九章涉江　心風哀郢　潭徐林切　心抽思

本音

侵从人又持帚隸作侵

侵聲侵侵猶寖俗作寑　侵省聲祲葠梫駸綅埐

寖聲濅　寖省聲寢

淺省聲淺說解脫省字

心

心聲沁

兂俗簪首笄也从人匕象簪形

兓

兓聲鬵籀䰖朁

鬵聲灊

朁聲[illegible]噆譖僭憯潛[illegible][illegible]鐕[illegible]

突湥也一日竈突从穴从火从求省讀若𥨓三年導服之導鍇本求省聲誤䇤本無讀若下九字鍇云古無禫字借導字爲之張段竝云導服即禫服也段云突湥古今字不當有異音蓋竈突可讀爲禫與突爲雙聲○按覃聲之燂讀若湥

突聲湥揬

淡聲羨

毚

毚聲嚵讒劖鄛儳纔鑱

男 从田从力錯本从田力聲誤

壬

壬聲飪古肛腍姚云今本古文𦛕作恁心部重出據韵會改任袵妊紝或𥿍

任聲荏栠賃恁儃此字說解闕姚攴任聲不知所本姑从之

今 从亼从乁乁古文及

今聲玪芩㸿含吟或韽詅靲雂琴貪衾欽岑齡黔念霠古侌今魿聆國語曰回祿信於聆遂闕錯本缺此文案姚入今聲未知所本姑从之妗戓砛紟蘮絵金古金鈐禽隸作禽

含聲琀頷

侌聲 ⿰口侌

岑聲 梣或⿰木寖从寖省聲 涔

念聲 唸諗敜稔淰

侌聲 陰

金聲 菳唫鐱鈙錦裣欽顉鏨崟黔淦或汵捦或㩒

酓聲 䤃醶籒鵨畬歙古㱃嬸

陰聲 蔭

欽聲 廞

㚬 入山之深也从山从入闕　大徐徂箴切篇韻同　段云乃後人强爲之音以其字似岑因謂音岑耳

冘 从人出冂

冘聲 莐訦疣眈鴆肬枕頄㲊忱沈耽抌紞鈂酖

肬聲 監

沈聲 霃

林

林聲 禁琳菻郴棽罧惏淋霖婪讀若潭 綝

禁聲 噤

甚 从甘从匹

甚聲 葚斟諶糂籀糣古糝[illegible]歁讀若坎 煁黮湛古[illegible]媅戡堪斟[illegible]

品 从三品眾庶也

品聲 臨嵒讀若吟 碞讀與巖同

臨聲 瀶讀若林

𢆉 从干入[illegible]一爲干入二爲𢆉 讀若能 鍇本能作飪 隸作羊

羊聲 南古𡴘

南聲 湳

音 从言含一

音聲 婄諳暗窨[illegible]歆[illegible]黯湆闇

闇聲 [illegible]

瘖省聲 痽轉蒸部又从人聲入眞部

咸 从口从戌鍇本戌下有聲字誤

咸聲 葴鹹諴䁍[illegible]椷顑感讀若 [illegible]慼減[illegible]揻緘鍼

箴聲 鱵[illegible]

鹹省聲 𡇀古𠧟篆[illegible]隸作覃

緘聲 [illegible]

覃聲 禫蕈嘾瞫簟橝⿰覃阝⿰米覃贉燂潭鱏撢⿰女覃讀若深 蟫鐔醰

𢎘 嘾也艸木之華未發圅然象形讀若含 錯本無讀若含三字

𢎘聲 圅俗肣犯氾

圅聲 菡顄涵涵⿱雨圅

氾聲 范笵

范省聲 範

⿰𢎘𢎘 艸木𢎘盛也从二𢎘 錯本缺

⿰𢎘𢎘聲 柬

㸒

㸒聲 淫婬

曑或參 从晶㐱聲 㐱聲在諄部

參聲 犙謲參䅟傪驂毿黲慘滲摻 姚云今本脫據遵大路疏補 嫪穇

凡 从二从乃乃古文及

凡聲 芃汎 按文選洞簫賦注汎房法切以侵緝互轉 風 古 凬 颿 鳳 古 䲰 轉燕部 鵬鷀

風聲 嵐 讀若婪 諷楓颿

琴 古 𡎾 琴象形字古文金聲

貶 从貝从乏 鍇本乏之下有聲字張彥惟云案貶損也乏之貝是損意鍇言會意是也傳寫誤多聲字

三 古 弎 天地人之道也从三數

㐭 或 廩 从入回象屋形

㐭聲 稟 啚 讀若桑葚之葚

廩聲 懍

啚聲 鄙 讀若注 顲

㚇𡿺盖也象皮包覆𡿺下有兩臂而夊在下讀若范

森从林从木讀若曾參之參

𡬠从寸臼覆之寸人手也从巢省杜林說以爲貶損之貶

㐺从三人讀若欽崟錯本無讀若四字

㐺聲眾

彡毛飾畫文也象形

彡聲㝷隸作尋彤(彭)轉陽部

㝷省聲蕁或[illegible]鄩襑潯

彤聲[illegible]

闖从馬在門中讀若郴

㦰从从持戈古文讀若咸一曰讀若詩云攕攕女手

𢧵聲 鐵 䥫讀若𢦏芟

𢦏聲 識殲鑯櫼𧖣瀸攕孅纖鑯醶

宷 篆審 唐韻式荏切

審聲 瀋

凵 張口也象形 唐韻口犯切

猒 从甘从肰

猒聲 厭

厭聲 擪黶懕壓饜壓

夾 盜竊褱物也从亦有所持[図] 農陝字从此唐韻失冉切

夾聲 陝

陝聲 𡝗

門 闚頭門中也从人在門中唐韵失冉切○段云禮運魚鮪不淰往淰之言閃也

㐁古𠌶 㐁舌皃从谷省象形𠌶讀若三年導服之導一曰竹上皮讀若沾一曰讀若誓弼字从此○案㐁唐韵他念切與𠌶之讀若導讀若沾者皆在此部與弼从之得聲讀若誓者別爲一音則㐁之應入侵部甚明蓋㐁爲舌皃正與函同意也張氏諧聲表此字未得部分苗氏聲讀表入之屋韵意以茜从㐁得聲而銛讀若陸宿从夙之古文佰得聲而夙之古文又爲佰則佰佰皆當从㐁𠌶得聲而讀若夙也不知茜當从銛本讀若陝則夾聲之在緝部與㐁聲之在侵部相去最近即如銛本讀若陸亦當从佰省聲而不當爲㐁聲矣至佰佰二文說解一云从人㐁一云从人𠌶竝無聲字安見㐁𠌶遂當从夙而入屋韵乎今詳爲之辨於此　段从小徐謂佰从𠌶得聲而𠌶仍讀若導服之導則佰之古文與夙之正篆不同部矣要之佰佰字當从大徐本爲會意字凡言㐁聲𠌶聲者皆謬也以偏旁類之而知其不合矣

㐁聲 茜 以艸補缺讀若侇銛本讀若陸弻或弼古[illegible]部分脂

通韵

附說文㰻讀若坎𡉤讀與嚴同頁讀若咸若𩠐三字讀皆在談部茜讀若侇在緝部銛作陸誤也按說解云或目爲緵故唐韵此字直例切㐁之古文𠌶亦具沾誓兩音○以上竝聲近相通

轉音

興本音在烝部轉入此部猶小戎以音與膺弓縢興同協也○附說文罙讀若禮三年導服之導按道聲在幽部去此絕遠疑古讀導爲禫禫導雙聲今字變文爲禫覃與罙故同部也𢆉讀若能錯本能作飪按錯本是說解云言稍甚也甚飪同音爲訓灉瘖省聲轉烝部此音與互協之類又重收眞部朋古文鳳借爲朋黨之朋故轉入烝部猶鵬借爲鵬鳥之鵬亦轉入烝部也㞙讀若芟在魚部此用芟之轉音正與今音合蓋芟之本音在魚部故稃讀若芟刈之芟而㞙又必不可讀入魚部也㐁西古文讀若三年導服之導說見上讀若沾一曰讀若誓轉脂部按此別是一音猶忝灃之爲雙聲也互詳通韵茜下弼西聲分脂部說詳彼按此字本从古文西之讀若誓得音故謂之分而不謂之轉㬎㐱聲諄部來彭彡聲轉陽部按二字未詳姑存俟考互詳諄陽部本字下

論曰顧氏合侵至凡爲一部而江氏分之分之誠是也故侵談部古無通用凡此部中男南參三等字今人讀入談韵者古皆以弇口呼之弇則爲侵而侈則爲談也陸德明謂古人韵緩不煩改字此非必知其意者烏可索於形聲之外耶

贊曰蒸音重滯遯下為侵於談稍歛厥徑可尋風凡之从本音是審悖古趣時其弊已甚

古韻通說卷十九

弟十九部 談

平　上　去　入

談監添銜嚴　敢〔陵〕忝檻儼　闞豔㮇鑑釅

分覃　分咸　分豏　分感　分勘　分陷　分梵

詩韻

檻菼敢王大車一章　萏儼枕。陳澤陂三章　巖瞻惔談斬監小雅節南山一章　涵讒巧言二章　甘餤三章　藍襜詹采綠二章　玷玷大雅抑五章　玷貶召〔旻〕三章　巖詹魯頌閟宮六章

監嚴濫遑。商頌殷武四章

經韻

坎窞周易上經坎初六　坎枕窞六三。〇敢憺九章抽思

本音

炎

炎聲[燅]部 玉 啖談睒讀若白蓋謂之苦相似 剡餤姚云據類篇補 棪讀若三年導服之導 郯倓或㑁覢惔

讀若忽 敥或錟從韵會引 惔淡緂錟讀若老聃 炎省聲[䀡]部轉蒸

剡聲 蒳或菼蓟𦵹

叡籀㪔古㪉 叡从𠬪古聲隸作敢 古聲在魚部

敢聲 譀俗誸厰𢽟𪑿闞

厰聲 嚴古𡿩

嚴聲 巖㘙儼巗礹

甘从口含一

甘聲 㽎曆讀若函 邯黚泔拑紺鉗酣

甛聲䈄

甛美也从甘舌唐韵徒兼切

甛省聲恬段云周禮注恬酒恬䬭甛字栝絬銛讀若棪桑欽讀若鐮按栝絬銛以爲甛省聲茵竝收入銛字據讀若二音則茵

說是也今从之此三字重見䑙部舌聲下

臽

臽聲啗讀與含同腤䧟或䭃欿讀若貪餤惂滔𩛛閻或壛蜭陷

䧟省聲監古譼

閻聲藺讇或諂爓灩

監聲藍䁘鑑古磛檻艦襤覽籃濫䶠擥𡡋鑑醶

濫聲藍姚云銛本脫从水與染青艸重出據廣韵改

詹从言从八从厃

詹聲 瞻膽檐儋襜䠨憺澹閻聸

斬 从車从斤

斬聲 蔪或蘄鏩槧暫蹔慙漸摲螹錯本漸省聲塹鏨

漸聲 醦

羙 从火羊聲大小二徐本俱譌从干聲非 羊聲在侵部釋文云憂心如惔說文作羙今說文作憂心羙羙蓋誤段云羙當从羊不从干惟从羊聲故古音在侵部郭璞曹憲音淫入鹽韵則直廉切

羙聲 覢

燚 从三火 釋文云憂心如惔字書作燚

占 从卜从口

占聲 苫黏占卟張彥惟云召明玷貶爲韵說文無玷字引白圭之玷作𠛰則玷𠛰之俗字也 笘餂鉆秥黏痁帖耆

讀若耿介之耿 覘𧳠點沾鮎貼拈㚲蛅坫黇鉆阽

沾聲檆

沾聲䈴 讀若霑姿 箋

僉 从亼从吅从从

僉聲簽 或 薟譣斂劒 籢 劍檢儉顩厱 讀若監 驗獫憸𩈮 醶 撿嬐險醶

斂聲籢

竷 樂有章从章从夅从夂詩曰竷竷舞我○張彥惟云案今借作坎故知此部聲

竷省聲贛 讀曰春秋傳贛籍贛 曰美而豔

贛聲戇𧸐灨 或 檶

兼 从又持秝 隸作兼○張彥惟云張衡西京賦隒巇險為韵

兼聲蒹嗛鰜謙鎌槏稴慊歉䭑鬑廉磏㒹 讀若 監 鹻熑嫌慊溓 或 濂 姚云今本脫或

䶠㺌嶁㮣 集 䨓䭑嫌縑蠊鎌㺌 讀若 儼 引唐本補

廉聲 薕簾

欠

欠聲 芡坎

广 因高為屋象對刺高屋之形讀若儼然之儼

冄 毛冄冄也象形　隸作冉

冄聲 諵柟〔那〕轉歆部 㾆篟痕 鍇本㾆讀若柟又誤若柤按說文無柤字 䫲聃或甜抩姌蚦䵥

奄 从大从申○張彥惟云宋玉招魂淹漸為韻

奄聲 鞥腌郁隌奄 姚云今本脫此字據文選卷八注補 罨俺裺黤淹閹掩媕

𢝬 从心从冊詩曰相時𢝬民　鍇本冊下有聲字誤○張彥惟云按詩無此文尚書盤庚相時憸民當即此所引也

銜 从金从行　唐韻戶監切

染 从水杂聲唐韻而冄切鉉引鍇曰說文無杂字裴光遠云从木木者所以染梔茜之屬也从九九者染之數也　段云裴說近是

染婪霖燊

通韵

枕侵部韵聲近相通○附說文 羙羙聲侵部來 棪讀若三年導服之導導讀若禫說見侵部轉音突下 㕎讀若函在侵部 啗讀與含同在侵部 欿讀若貪在侵部 贛讀若春秋傳曰美而豔在緝部○以上竝聲近相通

轉音

遑本音在陽部聲轉則入此部亦桑柔以相韵瞻之類楚辭天問因之蓋當時方音也○附說文 熊炎省聲轉蒸部說詳彼又古舌聲魚部來說詳彼 那冄聲轉歌部說詳彼 耆讀若耿介之耿按耿之轉音如瞻今湖南湘鄉尚有此音疑古讀如之與者聲為近 䈴讀若錢在元部聲相近 痏又讀若桓說文無桓字从旦聲則在元部亦笞讀若錢之類 欻讀若忽轉脂部脂部又有痏讀若欻然以炎聲求之俱不可通段氏謂本从乑聲譌而為炎莫能諟正說亦近是存以俟攷 染杂聲有誤詳本字下 栝𦧇銛三字重見脂部古聲下說詳彼

論曰此部音讀大概與侵部相近而經韵絕少襍廁惟枕字以轉而得通與衞氓之耽與葚韵為兩部通協之證然攷許書訓冘為淫淫行皃冘淫

以疊韵爲訓故知冘之本音宜在侵部也
贊曰侵覃之放是爲談鹽雙聲近陽畛域綦嚴

古韵通說卷二十

第二十部緝

平 此字爲談部平聲　上 無　去 部中泛埶等字皆侵談部去聲　入 緝合盍葉怗洽狎業乏

詩韵

揖蟄周南螽斯二章　及泣邶燕燕二章　葉涉匏有苦葉一章　葉韘韘甲衛芄蘭二章　溼泣

泣及王中谷有蓷三章　合軜邑秦小戎二章　隰及小雅皇皇者華一章　合翕常棣七章　業捷

采薇四章　濈溼無羊一章　入入何人斯六章　集合大雅大明四章　楫及棫樸三章　輯洽板二

葉捷及烝民七章　葉業商頌長發七章

經韵

法接易象上傳蒙　○急立離騷　甲接九歌國殤　悒急天問　接涉哀郢

本音

咠

咠聲 葺⿱咠廾⿱咠寸楫湒揖戢緝輯

戢聲 濈

㚔 所以驚人也从大从羊一曰大聲也一曰讀若瓠一曰讀若籋 按瓠聲在魚部籋聲在脂部 此字重收魚部

㚔聲 執 隸作執

執聲 贄⿱執言⿱執羊 羊名讀若晉部刃切 鷙⿱執寸褺騺慹⿱雨執⿱執女⿱執皿墊

枼 从木世聲鍇本缺此文 世聲在脂部 段云鉉謂當从卉乃得聲此非也毛傳曰葉世也葉與世音義俱相通凡古侵覃與脂微如立位盇蓋疌中協荔軜內籋爾邇隶等其形聲皆枝出不得專疑此也

枼聲 葉諜牒䈎緤或碟牃屟渫揲媟鍱

葉聲 僷⿰衤葉⿰土葉

及古乙弓逆，

及聲，芨吸彶趿鞁讀若沓，极㽺岋讀若蛤，伋馺急汲扱級鈒

靃从三隹

雥聲，𤏲或焦轉宵部

雧或集

集聲，⿰口集襍⿰糸集讀若⿰韋達姚謂集亦聲今从之，鏶或鍓

入

入聲，疌機下足所履者

疌从止从又中聲○中聲在脂部

疌聲，萐箑或⿱竹妾寁倢⿰衤疌捷婕讀若接，⿰齒疌緁或⿰糸習蜨

合从亼从口

合聲 祫荅迨䍌詥𢍐𢍐鉉本从廾从合鍇本从合廾聲段謂鍇誤到改爲从廾合聲是也 古算敆翕鴿䨣古

韐合古文革部重出 枱郃峆或韐佮䘉欱頜㕡洽龕閤拾姶給龕恰

荅聲 踏荅讀若 榙嚃

𢍐聲 鞥𢍐讀若靨 黭渰揜媕

翕聲 𨜏歙潝

拾聲 涻

邑

邑聲 裛悒浥挹

𨙶 从反邑𨛜字从此闕

（㬎）眾微杪也从日中視絲古文以爲顯字或曰眾口皃讀若唫唫或以爲繭繭者絮中往往有小繭也 隸偏旁作㬎 唫聲在侵部 此字重收元部

㬎聲 濕𤏸𤍠 㬎省聲 溼

業古𤕜

業聲 鄴

立・

立聲 翊鴗笠柆昱粒古𩚁岦泣拉颯

昱聲 喅煜

㶕篆涉

甲古𠇥

甲聲 呷柙古𠥓狎閘匣

灋今法古𠫬嚴可均云說解今文作法此後人㫄注法乃隸省當从錯本刪

妾

妾聲 萋 霎 椄 淁 鯜 接

五 春火傳曰反正爲乏 隸作乏○張彥惟云楊雄長楊賦乏之業爲韵班固漢書敘貨殖傳業乏之法爲均

乏之聲 芝 眨 鈘 䲱 讀若 窆 覂 乏 砭 泛 姂

十

十聲 什 姚氏謂十亦聲今从之 汁

廿 二十并也唐韵人汁切

卅 三十并也唐韵蘇沓切

卌 姚云今本脫此字據廣韵二十六緝補

譶 讀若沓

霅 譶省聲 霅

習

習聲 謵槢騽熠慴讀若疊 鰼摺

𦐇

𦐇聲 蹋鰨闒

闒聲 [言闒]

沓

沓聲 𦧧誻[石沓]涾[扌沓]讀若眔 [虫沓]錔

眔

目相及也从目隶省會意讀若與隶同也

眔聲 遝〔褱〕部轉脂〔鰥〕部轉諄

遝聲 [言遝][木遝]

帀

張彥惟云淮南原道上入集帀為韵

[髟乎]

姚云今本作嗒據玉篇改○張彥惟云班固漢書敘武紀曄業為韵張衡西京賦法魯閭業接獵〔曄〕為韵故[髟乎][齒劦]劦三聲應入此部

㬥聲燮火部

皣艸木白華皃从華从白唐韵筠輒切○段引左思白髮賦皣葉爲韵

疊

臿春去麥皮也从臼干所以臿之

臿聲㞛歃插韵會㛂讀若鍤

燮鍇本炎聲

燮聲𤨢

燮大熟也从又持炎辛辛者物熟味也唐韵蘇俠切

夾

夾聲莢唊鞅睞翜讀若濇梜郟㾀俠頰籀頰㢜悏挾婡匧或篋裌蛺䩡鋏陜

痰聲𤹛瘞

匧聲匧

戠

戠聲𨗳膱𢓭䵂或𥏡𧖩獵擿

劦

劦聲珕荔脅拹恊勰協古旪或叶姚謂恊勰協三字俱劦亦聲今从之

脅聲歙

嵒

多言也从品相連春秋傳曰次于嵒北讀與聶同

馽

或縶馽讀若輒或體執聲

盇

覆也从血大錯本大聲誤說詳脂部盇字下隸作盍

盇聲盍轉脂部嗑蓋饁榼𨛍𤻇磕闔

劫

人欲去以力脅止曰劫或曰从力去曰劫

古韵通說卷二十緝　五

劫省聲屋鉣

龖讀若沓○張彥惟云揚雄解嘲合襲爲韵

讋省聲讋傅毅讀若慴籀讋襲籀襲

耴

耴聲𢂇䮶扨鉙輒耴省聲取

歰不滑也从四止唐韵色立切

聑安也从二耳○段云凡帖妥字當如此帖其叚借也

聶

聶聲躡讘襵㒤懾攝

聿手之疌巧也从又持巾○案疌聿疊韵爲訓

因从口从又讀若聶踂讀若籋

㗊从四口讀若戢又讀若呶唐韻祖立切　重收魚部

通韻

附說文㬎讀若唫在侵部聲近相通或以爲繭此別是一音互詳元部本字下

轉音

附說文業世聲脂部來　疌中聲脂部來　盇大聲脂部來　㿻盇聲轉脂部　眔讀若與隶同在脂部○以上五字說詳枼聲本字下　褱眔聲轉脂部亦眔隶之類　㚔一曰讀若瓠此別一音說詳魚部一曰讀若薾在脂部按囟讀若聶而錯作薾知薾正轉此部音亦業疌盇眔之類也　囟讀若聶錯作齒說詳上　摯讀若晉在眞部此當用其轉音如易漸進以雙聲爲訓進晉同部而漸正爲此部之去聲摯亦有漸音未可知也摯从執聲而唐韻都念切亦其類　韐讀若麐在烝部猶熊炎之類唐韻烏合切轉爲弇之入聲與此讀小異　翜讀若濇在之部與翜爲一聲之轉　㗊又讀若呶說詳彼部　鰥眔聲轉諄部說詳彼　襵聶聲轉宵部平與入爲雙聲也

論曰此部爲侵談之短言段氏以之分配二部葢仍江氏之舊然攷大雅烝民七章及與業捷爲韻因及而聯諸字則由緝至乏九韻固不必更分

畛域也大抵古時入聲字絕少其偏旁皆从彼三聲遞轉而來有同偏旁而仍同用者（唯魚部之入有之）有同偏旁而不同用者（東韵可見）有不同偏旁而同用者（如支之入在錫陌之之入在職德宵之入在藥鐸幽侯之入在屋沃之類）有同其聲轉而不同用者則此部及質部是也質之去聲字皆从脂部而來故其類宜入脂部（如至疐等字）此部之去聲字又皆从侵談而來故其類亦應入侵談部（如泛豔等字）然則質之不入脂緝之不入侵談何也曰古入聲之爲用與三聲異必如廣韵之分配則鑿矣善言韵者於此皆聽其自爲一部可也

贊曰自緝至乏之聲短而蹙如物之冬如歲之臘天地嚴凝元音孳甲

音均之書自顧氏後推江氏段氏備呂王氏孔氏姚氏張氏及近日苗君僊路之聲讀表皆能綜博條毋亏證富矣大箸通說增雙聲一條益天地元音古今不易自謂可濟本音通均之窮俾讀古書及說文者釋然無疑誠爲篤論咸豐五年歲在旃蒙單閼莫春之初通家晚生馮譽驥謹識

音韵之學向有專家第臆斷不無各偏折衷匪易昔亭林顧氏詩本音顏氏樂圃音正咸稱精當而同時毛處士先舒尙疵摘其不知陰陽清濁甚矣成書之難也吾　師翰臣方伯以班馬雄才博綜經籍於讀禮之暇著爲古韵通説二十卷攷訂精覈凡經子向讀之未得聲韵者無一不以雙聲通之而古韵無復有齟齬之患嘉惠後學厥功尤偉因念　師以英年大魁天下自典試吾粵未幾即開藩江右方跂匡濟殊猷盡展所學詎未抒壯志遽歸道山不惟及門深梁木之悲而海內亦共哲人之惜今幸王定圃通政情殷舊雨鑑載而東芝庭太守既爲讐校又得方夢園方伯壽諸梨棗俾等身著作先以公之藝林而振古元音獨宣其祕同爲欽感又豈僅及門已哉至於析毫之精勤暨源流之探溯則有原敘與譚玉生同年所跋夫豈寡昧可妄測窺故不贅贅時

同治六年丁卯小春上澣受業孔廣鏞謹識

翰臣師合段張姚苗四家撰述及孔王劉三家之說爲一書凡古韵二十部於後更爲通說系之故以古韵通說名其書其爲二十部也則損益於段氏十七部王氏張氏二十一部之間其各部分詩韵經韵本音通韵轉音五子目也則詩韵經韵取段氏之六書音均表本音兼取張氏之說文諧聲譜姚氏之說文聲系苗氏之說文聲讀表葢言古韵之書於是爲備矣夫以古韵之愈求愈密也臧氏拜經文集云向以爲無韻者顧氏讀之有韵矣顧以爲無韻者段氏讀之有韵矣段以爲無韵者孔氏讀之有韵矣孔以爲無韵者庸讀之有韵矣此言其愈求愈密者師之言古韵也大意以雙聲通其所難通者謂詩以雙聲爲韵說文以雙聲爲聲凡三百篇及說文偏旁諧聲之字推之羣經諸子向來讀之未得其聲韵者師無一不以雙聲通之其斯爲愈密愈精者歟師之言曰轉音卽雙聲之異名天

地間自有是不可磨滅者今時方音及兒童學語往往有之乃振古之元音也古經中用韵及字書偏傍有不合者苟求之於是無不可通茲故設此條以濟本音通韵之窮又曰疊韵是旁行其類尚寬雙聲爲直射其法更密至哉斯言明乎此而古韵無復有齟齬難通者矣師著撰等身以兩粵兵燹未付剞劂暨旬宣江右旋歸道山叢稿甞有神物護持茲去春王定圃通政東游載是書於行篋特囑方夢園方伯開雕於佗城王芝亭太守賓襄讎校瑩師道光甲辰典試粵東所得士也吉光片羽先覩爲快刊成謹跋焉

同治丁卯重陽令節受業南海譚瑩玉生

粵東省城西湖街
富文齋承接刊印

通說

冬東鍾江兩部通說

原分冬一部東鍾江一部葢以詩韻覈之較然有別然攷古經傳之文此四韻無不通用詩之獨用冬韻者又絕少就其閟蓼蕭之沖出車之戎烈文之崇皆兩部互相出入易韻則更無能別白者安知詩之文獨非以其少而幸無襍廁耶要之此說本於陽湖張氏曲阜孔氏而後之言古韻者因之其用功不可謂不密然皆可不必泥也特非知其所由分不能知其所由合由博反約之功所貴於詳說者以此

支脂之質歌五部通說

自金壇段氏分唐韻五支六脂七之爲三部戴東原謂能發唐以前講韻者所未及斷以其言爲確論後此數家皆無異辭然以三百篇攷之究有

未安者蓋段於三部通用之韻皆匿而不數如載馳三章卬懷尤本隔句韻也段以襍入懷字不數卬尤之部懷脂部衞氓五章亦隔句韻也段以三韻襍出不數婦思之部痳遂脂部知支部頎人一章本一句一韻也段嫌不數子字韻並妹字亦不數頎衣妻妹姨私脂部子之部大雅文王二章聯兩子字韻下子字即起兩世字段以世在脂部並弟二子字亦不數他如文王六章不數師字皇矣三章不數友字韓亦一章不數位字楚茨一章不數茨字皆斷不能不以為韻者況之部合韻本有氏字支部脂部合韻本有積字支部支部合韻本有巇雎字皆脂部段亦不能自掩耶若他經用韻及說文偏旁則出入者不知凡幾矣至於歌之為韻本从三部之音而轉麻韻又从歌韻轉出而實歸入三部近日河間苗氏作說文聲讀表引𣏟下𣏟之為言微也謂細玩唐元應一切經音義知戈麻本西音周人未嘗有也斯言誠為篤論茲故分之

以導其流仍合之以溯其源源流分而古今之韵理得矣至若質之去聲本在脂部其入聲亦可入脂部而古今合用者蓋寡又支脂之三部各有入聲其入聲微有不同此則轉聲之異於通韵者世之治古音者於此愼擇焉

眞諄元三部通説眞又自通耕

眞臻諄文欣魂痕元寒桓删山先僊十四韵古多通用江氏分爲二段氏又分爲三就其所分者皆有至理然自大易以降如離騷之文許氏之説皆取此數韵通用戴東原謂此二部分韵不過在歛侈之間遂主陸氏古人韵緩之説其言不爲無見至眞臻二韵分言之專與耕靑部通協旣通耕清之後則又與諄元各爲一類故區而別之亦不得已之苦心云

魚部不與他部通説

此部今音古音皆與矦幽最近而絶不相通矦當歸入幽韵而幽必不可併入魚也凡奏垢字詩以矦部讀入此者要皆爲此部之轉音又此部之入聲字與矦幽部之入聲字今音亦皆異讀故宜斷然自爲一類班氏漢書敍傳每以魚幽宵通爲一部要非古之本音也

幽矦二部通說

此二部本爲一部故經韵說文無不相通自段茂堂始分矦爲一部意以此部之聲今多轉入魚古多讀入幽輕重之閒其音稍別然所分祇豪釐之界卽以三百篇論此二部通互者最多强而分之不如其已也若以矦通入魚則過矣

幽宵二部通說

幽宵聲轉最近故三百篇之互韵者多漢人詞賦率皆通用江氏分此特

以聲之弇侈爲別（幽部聲弇宵部聲侈）又因轉戾入幽而矦部去宵絕遠故不便比而合之不知矦自通幽特不能通入宵宵自通幽亦不能通於矦審於此而通韵之界亦嚴矣

陽部不與他部通說

此部於古爲東江之轉聲於今爲耕清之誤讀要其正聲去此兩部遠甚韓退之作此日足可惜以陽唐庚耕清靑及東冬鍾江通用吳才老又謂江通於陽彼皆爲漢魏以下之書所誤而未攷之於經韵耳（經韵亦偶有此數部通用者但非常例）

耕眞二部通說

此二部今讀相近古亦有之觀易韵可得其大凡必如此而耕始別於陽而陽要可轉入眞如詩車舝岡與薪韵抑行與人韵九章明與身韵是也

知陽以轉入眞則耕眞通用之理不辨而自明矣陽韵入眞皆讀如耕音而後可

蒸部不與他部通說

此部與冬東相表裏然可謂之轉不可謂之通今音則與眞耕爲近而實不相同故宜自爲一部

侵談緝三部通說

侵談特以聲之斂侈爲別詩韵惟冘聲通用衛氓耽與甚韵陳澤陂枕與萏儼韵至許書之讀若則兩部通用者固多又由冘聲推之其偏旁無不可互通者緝爲侵談之短言而古無與三聲互用今从其類歸之於此亦猶支類之有質部焉

略例

夫古之韵書不傳立乎今日而求古韵則莫若就古有韵之文讀之使之音字比附而韵以成三百篇其較然者已易書以降用韵稍有出入然皆襍而不越騷人之作具有折衷外此漢魏六朝雖非孫陸之韵書亦非古音之正則茲故首列詩韵以爲科律次及羣經爲之敷佐班揚諸子益無取焉（張氏彥維於字之不見經韵者輙取素問逸周書及漢魏人辭賦以爲旁證足資博識今仍存之）所以祛其煩惑而一其指歸也（論詩韵 經韵）

許書實兼形音義三者爲訓其諧聲一門幾居全書之八九然比而論之無不與經韵符合未有母聲在此而子聲在彼者也閒有出入者即可據爲古音通轉之證中有讀若讀同之例雖偶用方言俗字未必盡出古音然要皆取諸同部其轉入他部者亦必有說（惟讀若即取本音偏旁之字者不錄）每文下所

載古文或體亦然今於經韵後載說文諧聲諸字以見音隨字寓之原而於偏旁讀若小異者皆爲梳剔而證明之其有古今音變難爲强說者仍从蓋闕要在因其異以見其同所以明字書韵學之必合而已論本音

論古韵不得不密用古韵不得不寬不密則無以知其條分縷析之故而所謂寬者必失於氾濫矣茲之二十部大旨貴於密而不貴於疏然證之於古或齟齬而不合則不得不爲之說以通其變然其所通者必有其所以可通之故而非若唐時之通韵僅取便於時俗而已論通韵

轉音卽雙聲之異名天地間自有是不可磨滅者今時方音及兒童學語往往有之乃振古之元音也古經中用韵及字書偏旁有不合者苟求之於是無不可通必謂古一字只有一音非確論也茲故設爲此條所以濟本音通韵之窮而讀古書及說文者愈釋然而無疑矣論轉音

凡為學者貴由難得易知道者貴由博反約學者既从事於二十部之古韵則於其紛紜轇轕者蓋有若涇渭之難淆燕越之各判矣然於此而與之道古或不免拘執而難通又將諱其所不合而以為安則又與於誣古欺人之甚今故為之說有十以通之大都本通韵之文為之根柢通韵只通其數字通說則舉其一韵蓋全書皆嚴其所以分之界而於此終著其所以合之由是古韵之學之大成也故以名其全書焉論通說

言古韵之書至今日而大備將欲更求精詣無庸立異前賢茲編詩韵經韵取裁於段氏六書音均表本音取裁於姚氏說文聲系張氏說文諧聲譜苗氏說文聲讀表參互折衷斷以己意有引證其說者則各著其姓以別之張氏之書經其父子之手而成則皐文彥惟各出別號事半功倍蓋有由然掠美之譏庶乎免爾總論

古韻通說略例　二

粵東省城西湖街
富文齋承接刊印

古韵通說題辭

故江西布政龍君翰臣精古韵之學著通說二十卷通政王君定甫將刻之出以示澧屬爲訂定焉其書博采諸家若近時苗氏書澧所未見張氏書昔年過常州嘗見寫本今不能記顧江以下諸家澧所嘗讀者則知龍君實能集其所長考證愈密澧昔時雖嘗著書明諧聲之誼而於古韵之學則不及龍君之精邃也何敢云訂定歟惟其書臚列說文字當得精說文者校之乃薦吾友潘緒卿及其子子康兩秀才是以說文爲家學者校讎再三殆無譌謬近世之士或務科名或務古學若判爲兩途者此學者之大患也龍君以第一人及第而著此書天下之士讀之知最高之科名與最古之學問一人可以兼之其兩不相背明矣此書出將合兩途而通於一而王君之刻此書爲益甚大若夫篤念死友護持其遺稿而刻以傳

之又其可敬者也王君屬澧序之澧謂王君所書緣起宜弁於卷端爲序乃以鄙意爲題辭於後以質於王君恨不得見龍君而質之也同治六年十月番禺陳澧題

翰苑初編字學匯海

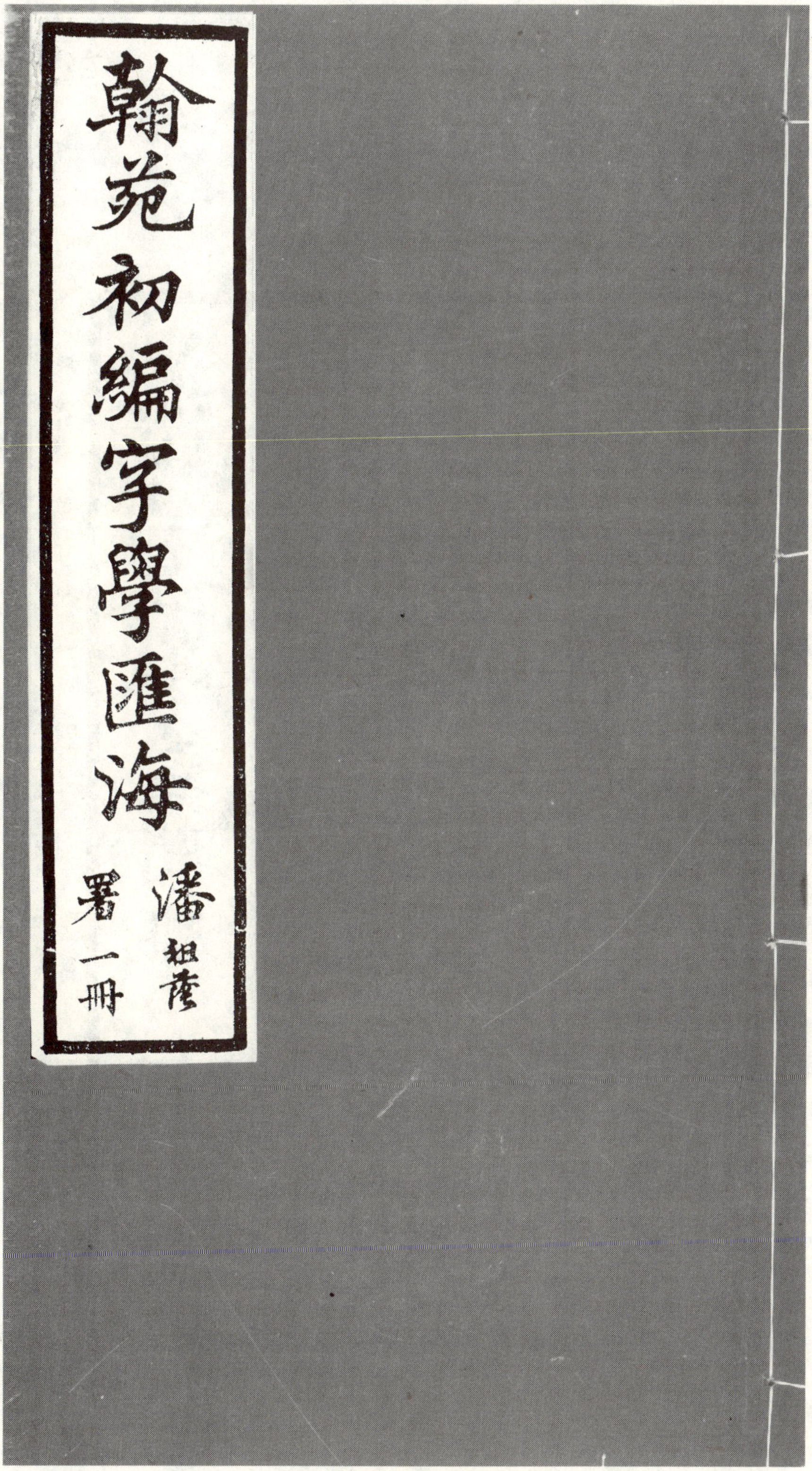
翰苑初編字學匯海
潘祖蔭署
一冊

光緒十二年春開雕

字學匯海

京都琉璃廠秀文齋藏板

丙戌初春坊間以詞林新輯字學匯海問序於余固辭之不獲已正著華聞適友人過我言及小學至今尚矣予世讀以說文爲宗其考似謬以書由篆而隸至秦漢頗苦鈔胥畏難秦人王次仲因繁而省小隸以期適用小隸即今之楷書也

序　一

說文出於東漢去秦百餘年且經有篆隸兩變并未及小篆就其中無劉字可見若此隸曰天為吳說文謂吳當从口从矢似說文與小篆兩不相謀矣余甚韙之第小學自辨正通俗字學舉隅出為翰苑諸公奉為模楷洎乎時文便覽字學藏本

悉詳攷訂規矩謹嚴辭正承用罔敢或越今果蒙許證恐徒增損括耳是編更匯其通流其繁擇其要正其訛增其所未詳補其所不及兼為注音以便繙閱可謂無美弗備矣余尤喜其楷法工整足爲士林觀摩焉是爲序

序二

光緒丙戌新正上元蔭軒徐桐識

校壽同廣齋

原序

昔人云讀書須略識字不通六書難言識字長沙黄虎癡學博以近日通行之四庫全書辨正通俗文字足為士林模楷因與兒子啟瑞重加增輯成字學舉隅一編仍以辨似正譌標目而附以誤用諸字余喜其簡

吴樹梅錄

明便閲付之剞氏以廣其傳若循
是以上窺六書之源則在善學者
之隅反焉爾道光十八年歲在戊
戌長至前三日知湖南黔陽縣事
臨桂龍光甸識

增訂韻辨摘要

韻異義異者

一東

中 正中也送韻矢中的也 衷 方寸所蘊也送韻當也惟折衷之衷平仄通

馮 姓也蒸韻馬行疾又易詩馮河陵也詩馮馮牆堅聲 空 虛也董韻穴也竅也送韻缺也

籠 包舉也董韻竹器 幪 帲幪董韻幪幪茂盛貌 夢 夢夢不明也送韻夢寐

釭 車轂中鐵江韻燈也惟金釭壁帶之釭義可通 恫 痛也一作痌送韻憁恫失志也

總 縫也詩五總董韻合也皆也 逢 鼓聲冬韻值也江韻从夅音龐塞也又姓

侗無知也董韻儱侗直長貌 絧布名送韻鴻絧直馳貌 艟艨艟戰船絳韻短艟小舟也

龐充實貌江韻高屋又姓 鬷釜屬董韻軌鬷草名

二冬

封封爵素封緘封宋韻專訓封爵 雍和也又姓宋韻書雍州 重複也腫韻輕重凡物不輕為重上聲宋韻尊重去聲惟重見之類訓再者平仄通用 從相聽許也宋韻侍從

縫以鍼縫衣宋韻衣縫 茸草生貌腫韻闒茸 淙水聲絳韻水出貌

共與恭供通宋韻同也 憧意不定也絳韻戇憧兇頑貌 喁魚口上見虞韻聲相和也

縱縱橫宋韻操縱通從 葑菜名宋韻菰根 橦木名花可為布江韻修橦帳竿

三江

降 下也伏也絳韻升降 幢 旌旗之屬絳韻后車幰也

四支

為 作為寘韻助也緣也 吹 吹噓寘韻鼓吹歌吹凡虛用平聲實用仄聲

陂 澤障曰陂寘韻傾也 兒 孩子也齊韻姓也通作倪 離 別離霽韻附離

施 設也用也加也寘韻與支韻通及也延也如施于中谷施從良人之類惟設施之施專屬支韻

遲 久也緩也寘韻待也 龜 介蟲之長尤韻龜茲國名 旗 旌旗微韻作旂按說文旗从㫃其聲熊旗五游士卒以為期也旂从㫃斤聲旗有衆鈴以令衆也 思 念也又語詞寘韻詩思鄉思之

類凡虛用平聲實用仄聲　遺亡也餘也寘韻贈遺也　差參差佳韻使也麻韻不相值也

騎跨馬也寘韻車騎　飢飢餓飢渴微韻饑饉通用　追逐也灰韻毋頧冠名通追義異

坻小沚也紙韻隴坂　嶷九嶷山名質韻岐嶷小兒有知識也又嶷嶷德高也

治理也寘韻已治也治之之治平聲已治之治仄聲　尼僧尼又山名質韻止也近也

纍貫也纏綴也寘韻同累義異　推順遷也窮詰也灰韻排也進也　墮壞也一作隳哿韻落也

其音姬語詞寘韻音寄詩彼其　雎同濉水名寘韻恣雎　蠡匏勺薺韻蠡木蟲也追蠡又彭蠡地名

噫恨聲卦韻飽食息也　錡缺錡鑿屬紙韻釜也又兵器架

蛇委蛇麻韻龍蛇　麗高麗魚麗薺韻美麗附麗　纚綏也通縭紙韻韜髮者同縰

氏月氏國名紙韻氏族 蘄草名又求也文韻草也 比皋比紙韻校也並也寘韻黨比大比惟比鄰平仄通 椑木似棟齊韻員榼 台與之切我也又姓灰韻三台

劑質劑券書也霽韻調劑 薺趨以采薺薺韻甘菜 提本作翹羣飛貌齊韻提攜

庳下也寘韻有庳國名 居語助詞魚韻居處 澌水索也盡也齊韻散聲

戲於戲歎詞寘韻謔也 腄瘢也寘韻縣名 嗺山高貌紙韻口醜也

貤移也寘韻物之次第一重為一貤又延也 箠菰箠竹名紙韻馬策

觜參觜娵觜紙韻喙也 倭順貌歌韻海中國名 玼瑕玼玉病紙韻玉鮮盛也

委委佗紙韻棄也屬也 萑草多貌寒韻萑葦 圯从已橋也紙韻从巳毀也

五微

員庳 三 王綽書

踦 足蹇也紙韻足脛又隔門也公羊相與踦閭而語 **仔** 克也任也韻府拾遺紙韻鵻鴀名相思仔

隋 國名隨改字又音綏祭食也周禮隋釁贊隋哿韻音惰落也

五微

幾 幾微庶幾尾韻多少之詞寘韻望也左傳望君如望歲日月以幾 **菲** 芳菲尾韻葑菲又薄也

衣 衣裳未韻服之也論語衣輕裘

六魚

予 同余我也語韻賜予 **疏** 通也遠也綺疏窗也亦作疎御韻奏疏

除 庭除埽除御韻去也 **與** 語詞語韻黨與取與御韻參與也通預如吾不與祭之類

苴麻子又履中草麻韻水中浮草於語詞又居也虞韻歎詞且語詞又巴且芭蕉也水且芙蕖也次且同趄馬韻苟且聊且沮水名語韻沮止御韻沮洳溼也鐻貫耳飾語韻鐘鐻

躇躊躇藥韻超也通踱屠匈奴休屠王虞韻屠殺浮屠蒩苴蒩香草藉蒩蔬屬語韻美也

疋音疏足也禮問疋何止馬韻古雅字俗借作匹非从一不从一咀猶噓也語韻咀華含味也

衙行貌麻韻官舍也畬田三歲曰畬麻韻燒榛種田

慮音閭思慮也淮南子澹然無慮又木名爾雅諸慮山壘也又隆慮無慮且慮取慮昌慮均地名御韻謀思也又憂也疑也書弗慮胡獲又音呂何所御慮又音錄唐書凡繫囚五日一慮四義相通惟木名地名無仄音

七虞

馮鍾岱書

區藏物處尤韻音鷗左傳豆區釜鍾均量名　輸負也納貢也遇韻送也凡以物
送之平聲指所送之物去聲　塗泥也朽也麻韻沮洳也又飾也　吾自稱也麻韻允吾縣名
汙水濁不流遇韻穢也又去垢也詩薄汙我私按汙字義一實一虛又麻韻禮汙尊抔飲
瞿鷹隼視又姓瞿唐峽遇韻驚視也狂夫瞿瞿無守也良士瞿瞿儉也　軥車軛尤韻夏輅
蔞蒿也麌韻草可烹魚　鏤屬鏤劍名宥韻雕鏤　婁曳婁邾婁尤韻奎婁星名
桴編竹木代舟尤韻棟也又鼓槌　菟於菟虎也遇韻菟絲菟葵草也　膴無骨腊麌韻膴膴腴美也
禂襌衣豪韻汗濡尤韻被也詩抱衾與禂　母漚母熬餌也有韻父母
句其俱切清句履名須句國名尤韻曲也句芒春神句龍社神句繹邾地遇韻章句宥韻句當

褕 襜褕直裾也蕭韻褕狄后衣 枹 擊鼓杖肴韻樸叢生 膜 南膜胡人拜藥韻肉間胲膜也

鋘 鋙鋘山名麻韻鋘鍪兩刃臿 惡 語詞遇韻憎惡藥韻善惡 漊 漊漊雨貌有韻通水溝

荂 榮也華也麻韻音花折揚皇荂 芋 大也草盛貌遇韻食芋 姁 姁婾美貌遇韻言語姁姁

嘔 悅言也尤韻呪嘔小兒語 騶 車馬馳也尤韻騶御騶虞 枸 立木也麌韻枳枸有韻枸杞

臑 嫩耎貌豪韻羊豕臂 憮 大也傲也麌韻憮憮媚好也通嫵憮然失意貌又眉

捄 捊也尤韻長貌詩有捄棘匕 帑 子也鳥尾也養韻金幣所藏 鋪 陳也遇韻貫肆俗作鋪

拊 音膚扁鵲俞拊方皆神農時名醫麌韻音撫拊我搏拊又拊鼓樂器

八齊

齊 等也整也霽韻音劑禮凡食齊視春時又火齊珠名 妻 夫妻霽韻以女妻人

題 額也品也霽韻睇視貌詩題彼 媞 媞媞美好貌詩作提霽韻蕩媞草子名

折 折折安舒貌屑韻拗折 稽 稽考稽留霽韻作讚稽首 泥 水淘土也霽韻滯也

巂 从山从隹从冏巂周鳥名即子規紙韻越巂郡名

九佳

楷 孔林木蟹韻模楷 柴 薪屬寘韻積禽也詩助我舉柴

十灰

回 轉也邪也俗作囬非囬古面字隊韻迂避也 栽 種也隊韻築牆長板左傳楚子

圜蔡里而栽

虺 虺隤病也尾韻虺蛇古作虫

悝 病也大也紙韻憂也

培 益也養也有韻壘培小阜也

駘 駑駘臺駘賄韻哀駘醜貌

倈 招倈又徂倈山名隊韻勞倈

傀 倭傀貌美也紙韻怪異也

焞 盛貌元韻灼龜炬

能 三足鼈又三能星即三台星也蒸韻賢能

漼 霜雪積聚貌賄韻深也壞也

十一真

親 愛也近也震韻親家姻親相呼

純 純粹元韻束也詩白茅純束先韻投壺筭儀禮二筭為純軫韻衣緣

綸 絲綸刪韻草名色青赤又綸巾

振 厚也詩振振震韻奮也拯也

屯 囷也又卦名元韻聚也

磷 砰磷峻貌震韻薄石也又論語磨而不磷

填 音陳久也先韻塞也又鼓聲震

韻土星霰韻玉充耳也　儐敬也震韻相也　錞金錞樂器賄韻鐏錞矛下端

十二文

聞耳知聲也問韻聲聞　分別也問韻定分　墳墳墓吻韻土膏肥又土沸起也

斤斧斤又斤兩問韻斤斤察也　員益也幅員俗作貟先韻官數也問韻姓也惟伍員之員平去通

般國號又姓删韻赤黑色　縕細縕紛縕元韻紼也赤黃間色問韻精縕敝縕

賁大也又三足龜元韻虎賁通奔寘韻飾也又卦名　堇黏土吻韻苦菜也

蝹龍貌皓韻蟲名

十三元

繁多也寒韻薄官切繁纓禮作樊敦敦厚寒韻音團聚貌詩敦彼行葦隊韻祭器珠盤玉敦願韻敦邱通頓又太歲在子曰困敦論評論願韻議論與元韻小異按虛用平聲媛嬋媛牽引貌霰韻美女援引也霰韻救助也馬援人名番更也俗作畨歌韻番番勇也反斷獄平反漢書作幡通翻阮韻反覆宛大宛國名阮韻宛然又委宛蘊蘊藻同薀吻韻物積也左傳薀利生孽俗作蘊問韻薀習也从氵不从糸阮立阮郡名阮韻姓又國名洹水名寒韻洹洹流也咺紆緩也又寬綽貌阮韻赫咺怨讎也禮外舉不避怨願韻恨也亹水流峽中兩岸若門也尾韻亹亹勉也庉風與火為庉阮韻樓牆也

十四寒

單複之對也先韻單于銑韻單父地難不易之謂難又
名又姓木難珠名翰韻
患難詰難灘水瀨翰韻水奔彈射也又劾也翰
流貌韻彈丸
乾燥也又桑乾水名先韻天也卦名觀視也翰韻卦名
觀又宮觀容觀京
汗漫爛漫散漫冠弁冕總名翰韻漫漫漫大水貌翰
加冠於首韻水浸淫也又
榦井榦井垣也翰韻才榦又天干本
作榦
汗可汗酋長也翰攤手布使開也翰胖大也體胖翰韻
韻人液也渙汗韻按也牲半體也周禮
掌其膴胖弁樂也同般又小弁詩篇名霰韻冕
也戰懼也

豜野狗也周禮士射豜侯翰韻獄也狴 瘅小兒病駕韻勞也詩哀我瘅人箇韻與駕韻同 莞草可為席潸韻莞爾小笑貌 般一般又般遊通盤詩篇名刪韻還師也同班 曼曼曼遠也願韻長也寒韻同又美也靡曼柔曼獨用

十五刪

還復也償也先韻同旋 閒音艱中閒俗作間又音閑暇也諫韻音諫隔也離閒又代也迭也 憪心靜也潸韻寬大也 轘轘轅地名又車轘車裂人也諫韻音患烹轘肉刑也惟車轘平仄通 豻音閒黎豻國名驪豻縣名元韻音犍乾革也又音侃盛矢器又音翰

一先

先 在前曰先霰韻在後而先之也
燕 國名霰韻元鳥詩燕燕于飛
牽 引也又皷牽霰韻挽舟索通縴
研 礦也窮究也霰韻同硯
縣 縣繫縣絶今加心字霰韻郡縣
鮮 潔也又鮮食又朝鮮國名銑韻少也
錢 泉貨也古作泉銑韻錢鏄田器
煎 熬也霰韻甲煎香名
禪 靜也佛經參禪霰韻封禪禪讓
便 安也習也便便辯也又腹便便肥滿貌霰韻利也
穿 通也霰韻貫穿
緣 因也循也霰韻衣緣
旋 回也斡也霰韻繞也
傳 授也續也布也霰韻經傳又驛傳
濺 水疾流貌霰韻水激也
咽 咽喉屑韻哽咽通噎
零 先零西羌名青韻餘雨又奇零
扁 小舟銑韻署門戶之文又卑也
平 平平辨治也庚韻平正也
嬛 便嬛輕麗貌庚韻同惸獨也詩嬛嬛在疚

卷曲也又好貌詩碩大且卷又大卷黃帝樂名銑韻舒卷同捲與卷通 莚草名霰韻蔓莚不斷 桊連弩也漢書張空桊霰韻書桊 扇扇涼與煽同霰韻門扇羽扇

二蕭

挑取也荷也豪韻挑達不莊也篠韻引也撥也如挑戰之挑 調和也尤韻惄如調飢註調朝也嘯韻遷調才調聲調又租庸調法 僚官僚篠韻好貌亦作嫽 嬌女態阿嬌篠韻同嬌夭嬌嬌嬌 燋持火使然爇韻火未然貌禮執燭抱燋周禮燋契灼龜炬也 橈楫也效韻音鬧屈也易棟橈 燒爇也嘯韻野燒山燒 要約也刧也嘯韻緊要 夭少好貌又草木未成也不伐夭篠韻壽夭又伐夭夭夭義亦通皓韻同篠惟夭夭夭矯義不入 漂浮也又瀏漂清涼貌見馬融長

笛賦嘯韻水中擊絜也

徼 徼倖又求也嘯韻游徼循也

鷯 鷯鷯百勞也嘯韻鷯也

哨 口不正也嘯韻乜戌防盜曰巡哨又哨哨多言也

噍 聲急也樂記其聲噍以殺尤韻音遒啁噍燕雀聲嘯韻爵也

嬈 嬌嬈篠韻擾也漢書除苛解嬈嘯韻嬥嬈不仁

陶 皋陶豪韻甄陶又姓

佋 佋穆同昭篠韻介佋通紹

麃 麃麃武貌肴韻麐麢篠韻鳥毛變色

獠 夜獵同獠巧韻皓韻西南夷名

料 料理又小鼗嘯韻意料物料

蛸 蟏蛸肴韻蠨蛸

繇 茂也書厥草惟繇又咎繇即皋陶尤韻同由率繇宥韻音宙卦爻詞

標 麾也篠韻落也

髟 髮長也咸韻屋翼也飛髟蘑髟

剽 鐘大者鏞其中謂之剽嘯韻剽掠剽悍

昭 明也篠韻詩其音昭昭馬行聲

杓 斗柄藥韻杯杓通勺

嘹 嘹亮聞遠聲嘯 韻音料病呼也

三肴

鈔 略取又謄寫效韻楮貨名肴韻異 又鈔略通用

敎 悔敎肯敎效韻 敎訓

嗃 叫呼聲藥韻嚴 厲貌

姣 淫也左傳棄位 而姣巧韻美也

掊 手引取也有韻 擊也通剖

窌 窖窌深空貌效韻囷窌同窖有韻 作窌石窌邑名

颮 風聲覺韻颮颮 衆多貌

鄗 山名皓韻晉邑

佼 行也巧韻好也禮仲夏養壯佼漢 書庸中佼佼

四豪

操 持也號韻節操 琴操

漕 衛邑號韻水運 轂也

旄 旌旄號韻旄倪 同耄

號 呼也號韻號令 **繅** 繹繭出絲一作繰皓韻所以薦玉者

膏 肥也膏澤號韻音誥潤也詩羔裘如膏凡脂膏之膏平聲用以潤物曰膏去聲

勞 勤勞號韻慰勞 **綢** 韜也爾雅素錦綢杠尤韻音儔綢繆纏綿也

芼 水草號韻搴也擇也詩左右芼之又菜雜肉為羹也 **槮** 欃槮木長貌感韻叢木取魚

澇 飛澇大波也又灘名號韻旱澇 **咎** 古皋字有韻罪愆也

五歌

荷 芙蕖花名哥韻負荷 **過** 經過也箇韻誤也越也過失 **磨** 以石治玉箇韻磑也蟻旋磨

娑 婆娑舞貌哥韻馺娑漢殿名 **沱** 滂沱大雨貌江沱哥韻淡沱 **那** 何也多也安也箇韻語助漢書

公是韓伯休那 頗不平也哿韻僅可之詞 瘥病也詩天方薦瘥卦韻病愈也

儺鄉人儺逐疫也哿韻行有度也詩佩玉之儺 茄古荷字有蒲與茄荷作茄見樊光註爾雅麻韻五茄藥名茄子蔬名又荷莖也 迦釋迦瞿曇號麻韻本作迦互令不行也

獻音娑酒尊名願韻進獻 枷庋物器禮男女不同椸枷麻韻打穀具一作耞又項械也 和和諧箇韻唱和調和 蛾蠶蛾蛾眉紙韻禮蛾子時術之尾螘一作蛾蟻同韻同螘

六麻

華榮也草盛貌又古花字禡韻崋一作華音化華山為西嶽又州名姓也按古本有平去二音今皆讀去聲

啞啞嘔兒學語吚啞船聲馬韻不能言也陌韻啞啞笑也杷枇杷果也又收麥器禡韻田器義亦通又犁杷些少也音藚減些箇韻語詞楚些闍音蛇石遮切梵言闍維即荼毗僧死而焚之也音遮城臺也虞韻音都闍闍義通惟闍維專屬本韻咤陟加切達利咤出釋典禡韻陟嫁切叱咤怒也驚咤悲咤誇咤書三祭三咤奠爵也哆音侈張口也二音車大貌紙韻哿韻寘韻義同馬韻惟邪哆言不正也侈哆聲雜貌獨用餘亦同婼音兒如支切婼羌西域國名藥韻音違不順也又叔孫婼人名

七陽

張開也施也漾韻供設也侈也王君也漾韻王天下之王又神王俗譌旺

長短長又善也遠也養韻長幼消長漾韻音丈餘也世說平生無長物藏匿也蓄也漾韻府庫曰藏寶藏
相共也質也交相詩金玉其相漾韻助也輔相擯相又視也皮相創音瘡傷也金創漾韻懲創始創
槍稍也距也又天槍星名旗槍茶名庚韻專屬星名音崢天槍欃槍强米中蠹又健也强暴强盛通彊
養韻彊同强屈强勉强蒼深青色又老也蒼蒼鬢毛蒼又天也穹蒼養韻音敞莽蒼寒狀
行列也陣行雁行成行又太行山名中行複姓庚韻行步五行漾韻次第也輩行又行行剛强貌敬韻德行
慶福也易詩並音羌敬韻慶賀也將發始詞又送也千將劍名又音鏘詩佩玉將將漾韻將帥兵將
量稱量商量丈量漾韻音亮斗斛也權量度量器量限也審也湯熱水也飲湯又殷湯漾韻熱水
沃也禮如以熱湯詩子之湯兮同蕩浪滄浪水名放浪湯貌博浪莊浪地名漾韻波浪又遊浪孟浪謔浪

亢人頸也史記搤其亢又督亢地名陳亢人名漾韻角亢壽星也又過旱又不屈也高也敵也

喪持服曰喪漾韻亡也失位也 潢天津也天潢銀潢又池也陂潢漾韻染紙也齊民要術有裝潢紙法

傍側也漾韻倚也 當任也遇也敵也又馬當武當山名漾韻事理合宜又底也玉巵無當

桁以木械足庚韻屋上横木漾韻衣桁架也 頏鳥下飛漾韻咽也

攘竊也奪攘又除也詩攘之剔之養韻擾也 煬爍金也漾韻炙也暴也

鐺鋃鐺鎖也庚韻作鎗釜屬鼎鐺也茶器又酒器 彭多貌行人彭彭又音旁易匪其彭庚韻鼓聲又姓 蔣菰蔣菰也養韻國名 𦢊狼𦢊南蠻國漾韻䑋𦢊月不明

泱泱泱水流貌又雲貌養韻廣大漂疾貌

八庚

更 改也歷也禮三老五更又率更掌刻漏官敬韻再也

橫 南北曰橫縱橫敬韻强橫驕橫

盟 告其事於神也盟誓敬韻盟津同孟

瑩 玉色又石似玉者琇瑩徑韻光潔貌本作熒

檠 所以正弓者亦借作燈檠之檠敬韻檄作檠橘子也有足可几物

迎 逢也敬韻詩親迎于渭凡物來而接之平聲未來而迓之去聲

橙 橘屬敬韻几屬

睛 目珠梗韻眧睛目怒也

盛 黍稷在器也敬韻茂盛

正 歲首月又射侯敬韻中也定也

輕 不重也敬韻疾也左傳秦師輕而無禮

令 使令也脊令鳥名丁令地名敬韻法也號令又善也

幷 合也二難幷又州名敬韻專也

榜 幷笞漾韻棹船一歇也亦作搒

八庚九青　韻粹　十三　王繩書

丁 丁丁伐木聲青韻辰名又人丁又魚枕謂丁又姓 **裎** 裸裎露體也梗韻襌衣

頃 頭不正也又西頃山名同傾梗韻田百畝也又俄頃 **榜** 所以輔弓弩者養韻標榜題榜敬韻榜人舟人

嫇 嫈嫇幼婦迴韻嫇奵自持也一曰面平貌

娙 女身長好貌青韻女官名

九青

經 經籍經緯常也過也徑韻徑也又經緯通 **庭** 階庭洞庭徑韻徑庭隔遠貌

釘 鍊金為鋌又鈴釘矛名徑韻音訂以釘釘物也 **娉** 娉婷美貌敬韻婚娉與聘通

溟 海也小雨也迴韻滓溟大水貌 **屛** 藩也大邦維屛梗韻除也棄也退也屛去又藩屛之義亦通

瞑合目也霰韻瞑眩潰亂也 絅引急也又捕也迴韻褧衣通絅 蜓蜻蜓蟲名銑韻蝘蜓守宮也

聽聆也詩甯莫我聽徑韻音侹亦聆也又待也從也任也周禮冢宰聽之漢書其議民欲徙寬大地者聽之

十蒸

烝火氣上行又祭名徑韻氣上行義同餘異 應料度之詞徑韻答也

乘駕也因也徑韻車乘史乘 勝任也徑韻勝敗勝負 興臥起又盛也徑韻詩有比興又趣也詩興乘興

徵召也三徵證也庶徵斂也催徵紙韻五音之一

稱權輕重也又稱揚稱謂徑韻權衡俗作秤又愜也 堋射埒又壅水灌溉曰堋徑韻塟下土也

螣螣蛇職韻蝗也螟螣音特

十一尤

留止也遲也黃離留鳥名宥韻宿留停待也油膏也又水名宥韻浩油地名又物有光也

湫北人呼水池為湫又縣瀑曰龍湫篠韻湫溢

收捕也取也斂也宥韻音狩禮農事畢收不夫不同鳺鴀鵻也音浮未定語詞有韻否作不不然也又是不義通物韻不然不可

漚浮漚宥韻久漬也

蹂潤也詩或簸或蹂以水潤使溼也獨用又踐蹂殘蹂有韻宥韻同叟叟叟淅米聲通溲有韻長老之稱

溲溺也牛溲有韻浚麪同溲歐歐歐雞鳴聲有韻歐吐通嘔

寠甌寠便側地麌韻貧寠繆綢繆宥韻錯繆屋韻謚法同穆簍竹籠麌韻篝簍規車綱之則也

涑 澣也屋韻水名

十二侵

臨 卦名又視也以尊適卑曰臨沁韻哭臨又衆哭曰臨

鍼 所以縫布帛俗作針鹽韻鍼虎人名

沈 没也實沈星次又物色深者曰綠沈寢韻國名又姓沁韻投物水中没也音鴆周禮以貍沈祭山林川澤

深 淺之對沁韻音諗度淺深曰深周禮以土圭測土深

任 堪也左傳衆怒難任又負荷也詩我任我輦沁韻克也用也又身任也

禁 力所勝也杜詩冷蘂疎枝半不禁沁韻制也又宮禁

喑 兒啼無聲沁韻聲也史記喑啞叱咤

參 參商星名參差不齊也覃韻易參伍以變又參謀勘韻同摻撾鼓也

十二侵 十三覃 十四鹽

王纏書

漁陽參三撾鼓也

紟衣系也沁韻紟帶

湛音忱同沈論衡久雨為湛覃韻樂也耽同詩子孫其湛又溺酒也謙湛湛水深貌露盛貌又澄也

十三覃

函容也鎧也咸韻匱也瑤函書函又地名崤函

三數名二三勘韻屢也三復三思

擔擔荷勘韻負擔所負也

闇治喪廬感韻隱闇也

澹澹臺複姓感韻恬澹濃澹澹澹水貌亦作淡勘韻水動搖貌音啖

渰沒也同淹儉韻拾遺雨小盛貌

十四鹽

鹽煮海為鹽豔韻以鹽醃物也又古樂府有昔昔鹽讀作豔

占視兆也推占豔韻據也

幨帷也鑑韻披衣也管子列大夫豹幨淹漬也留久也又人名江淹陷韻

沒也又水涯漸次被也浹也漢書漸民以仁儉韻漸

猒通作厭安也飽也鑑韻足也詩有猒其傑又斁也葉韻壓也禳猒杴屬泄水器咸韻鍬

十五咸

帆船上受風幔雲帆陷韻音梵舟隨風張幔也韓詩無因帆江水監察也詩既立之監又攝也左守

曰監國陷韻視也詩監觀四方又左右監官名摻女手皃詩摻摻女手謙韻擊也

儳儳儳皃惡也又鼓儳師次不整也陷韻禮毋儳言輕言也儳儳馬如不終日不整肅也

一董

洞敬也禮洞洞乎送韻音恫幽壑也又空也又洚洞水無涯皃

二腫

種種類宋韻耕種

三講

玤地名左傳虢公為王宮于玤董韻石次玉者義小異

四紙

揣揣度哿韻搖也否泰否有韻不也使令也寘韻將命者

始初也如易資始大始之類寘韻方也如水始冰桃始華之類垝毀垣也寘韻堂隅也坫也

儗 僭也比也寘韻佁儗不前隊韻儓 儗儗癡也 被 寢衣寘韻覆被

巋 小山叢列也寘韻巋然獨皃

五尾

朏 音斐月三日明生之名書維丙午 朏隊韻音配向曙色

六語

語 言語御韻告語之也 處 居處審處御韻處所 女 男女御韻以女妻人

著 門庭之間曰著又位次也御韻明也定也藥韻衣著作着非 去 除也御韻來去

七麌

雨風雨遇韻雨自上而下 賈商賈馬韻姓也 吐吐之也遇韻自吐也

樹種植也立也遇韻木總名 數計也責也遇韻多寡之數覺韻頻數煩數

苦味苦也遇韻困苦 雇九雇同扈遇韻傭也 藪十六斗曰藪有韻藪澤一作棷

八薺

洗滌也銑韻姑洗律名 濟水名一作泲又濟濟多威儀也霽韻渡也成也

欚小船也霽韻梁欚屋棟也 弟兄弟實用霽韻孝弟同悌虛用

九蟹

解講解脫解散也兵解又脫也鹿角解又曉也杜詩此意陶潛解又姓卦韻音界發也貢士解額官司解報

十賄

悔 悔吝隊韻改悔又恨也 **采** 同採事也又捋取也隊韻官也因官食邑故曰采地

載 年也隊韻乘載覆載又記載 **餧** 飢也同餒寘韻飼也 **礧** 硊礧大石也隊韻礧磥重也

詒 欺詒通紿寘韻饋詒一作貽

十一軫

引 長也導也震韻牽牛紖也同靷又曲引也箜篌引又琴操思歸引 **準** 平也度也屑韻龍準鼻準也

盾 干盾通楯阮韻趙盾人名 **賑** 殷賑富也震韻賑濟通振 **黽** 黽勉銑韻黽池地名俗通作澠

十二吻

隱藏也問韻隈隱也隱几

近遠近寘韻辭也詩往近王舅問韻音覲親近附也

十三阮

遠遼遠致遠願韻推而遠之也

飯餐飯食之也願韻炊穀為飯

圈獸闌願韻邑名公羊楚子伐圈

十四旱

散閒散藥散翰韻離也布也

斷絕也翰韻決斷也

算計也數也翰韻算術

酇四里為酇翰韻漢蕭何封邑

衎衎衎信言也翰韻衎衎樂也

悹悹悹無衣也翰韻憂也

十五潸

棧閣木為路棧道又爾雅小鐘謂之棧又衆盛皃銑韻馬棧編木為之又戀棧

十六銑

善 善惡又良也霰韻善之也凡美善之善上聲彼善而善之去聲 遣 縱也逐也霰韻人臣賜車馬曰遣車

轉 動也旋也霰韻以力轉之也凡物自轉上聲以力轉之去聲

選 擇也霰韻中選銓選 跣 足皮起通繭霰韻爾雅騉蹏跣注騉蹏如跣善上山也

輾 輾轉霰韻水輾同碾 趁 踐也霰韻逐也俗作趂非

十七篠

少 多少嘯韻老少 蓼 辛菜屋韻蓼莪 朓 月行疾也嘯韻祭也

蹻 蹻蹻武皃藥韻驕皃又草履 嫋 嫋嫋悠揚皃媌嫋長好皃同梟藥韻音弱弱皃

十八巧十九皓廿哿

音新　十九

十八巧

拗 拗折手拉皃效韻戾也執一也

十九皓

造 淑造大造號韻就也詩小子有造又詣也書有衆感造 **倒** 仆也傾倒號韻顛倒倒懸孫覿詩潭影千峰倒 **好** 美好號韻音耗愛而不釋也嗜好又璧孔

二十哿

左 左右箇韻助也書左右厥辟易以左右民同佐 **坐** 行坐箇韻緣坐

那 何也箇韻語助詞漢書公是韓伯休那 **嫷** 婑嫷好也箇韻嬾婦也通惰

閜 門傾馬韻谽閜大開 輠 車盛膏器炙輠馬韻轉轂皃

二十一馬

下 上之對禡韻自上而下 瀉 傾瀉禡韻鹵也又吐瀉 夏 大也中夏禡韻春夏

假 借也不真禡韻休沐 若 般若梵語智慧蘭若浮屠所居藥韻如也順也汝也又語詞

二十二養

養 養育漾韻供養奉養 仰 望也慕也漾韻資也仰給 放 效也至也漾韻逐也逸也

廣 大也又地名漾韻兵車左傳二廣十五乘為一廣又廣輪 仗 馮仗漾韻器仗

上 升也進也自下而上也漾韻對上之稱

二十三梗

請 謁也求也敬韻延請又漢志春曰朝秋曰請

二十四迥

脛 腳脛徑韻通又脛脛直皃

二十五有

首 元首又始也宥韻自首東首

走

守 主守宥韻爲之守也漢置郡太守

右 左右宥韻同佑助也

趣 趣馬官名遇韻趣向意趣

後 先後又遅也又後嗣宥韻有意後之也敬其事而後其食

二十六寢

飲 飲食沁韻以飲飲之　衽 卧席沁韻衣襟　淦 水動謙韻水無波也

二十七感

憺 安也勘韻動也史威棱憺乎鄰國　歜 昌歜菖蒲俎沃韻盛氣怒皃

二十八儉

斂 斂藏收斂豔韻聚斂稅斂

二十九謙

闞 虎聲虓闞勘韻視也又魯邑又姓陷韻犬聲　濫 泉正出也勘韻水延漫之皃又浮詞

失實曰濫又氾濫

一送

諷 刺也婉而多諷又諷人專用東韻風亦作諷微異

二宋

恐 疑也億度腫韻懼也又惶恐灘名

三絳

漴 水所衝也東韻水聲又雨急

四寘

易 簡易難易陌韻周易辟易
帥 將帥質韻統帥
識 標記職韻知識
織 織文錦綺屬職韻組織促織
積 儲蓄也少曰委多曰積詩乃積陌韻積聚
蔬 至也未韻草多皃
蕢 草器荷蕢卦韻菜名
眥 目際卦韻作眦睚眦瞋目皃
出 出之也質韻出入
䀝 直視黠韻惡視
咥 笑也屑韻齧也
術 六鄉之外地通遂禮術有序質韻技也業也
欬 逆氣禮國多風欬又謦欬言笑也卦韻音餲同噫食逆氣也
德 立容德徐邀讀置職韻德行德惠
刺 刺殺譏刺又司刺官名投刺柬也陌韻刺繡刺船又語刺刺不休从朿不从口
食 疏食饗食職韻飲食

五未

尉官名物韻尉遲複姓 蔚薈蔚盛皃物韻州名又蔚藍天色青翠

六御

楚利也又楚木語韻叢木國名

七遇

度權度風度藥韻謀度也 厝置也藥韻礪石同錯陌韻地名

馵馬後足白詩騏馵一曰後左足白緝韻馬絆 屬音注周禮犀甲七屬沃韻附也又付也

穫焦穫周地名藥韻草曰刈穀曰穫又隕穫失志皃

仆 顛仆僵仆傾跌貌宥韻前倒也

訃 訟也毀也譖也陌韻作𢘔驚恐貌

斁 敗也陌韻音亦厭也詩服之無斁

錯 金塗謂之錯又舉錯獨用藥韻金塗之義通又舛也磨也雜也獨用

八霽

契 書契神契屑韻稷契一作卨

祭 祭祀卦韻周邑名

綴 連綴屑韻正也又樂記夫禮者所以綴淫也

偈 息也又佛偈屑韻偈偈用力貌

逮 安和也詩威儀棣棣同逮隊韻及也

愒 息也泰韻貪也又玩愒

蹶 敏也詩良士蹶蹶又行遽也禮足毋蹶月韻失腳也又竭蹶

說 以言說人也屑韻講說

揭 褰衣渡水也屑韻高舉又長也

泄 泄泄怠玩也舒徐也詩俾民憂泄散也屑韻漏泄同 捩 琵琶撥屑韻拗也

晢 晢晢星光也屑韻明也 怢 習也狃也泰韻侈也 切 一切大凡也屑韻割也按也又愷切

九泰

蓋 覆也又語詞合韻齊邑音葛 濊 汪濊水多貌曷韻濊濊罟入水聲

汏 濤汏水激過也曷韻音闥過也

十卦

畫 圖畫陌韻籌畫疆畫 殺 降也減削也黠韻戮也 喝 陰喝噎塞也曷韻訶也棒喝

十一隊

塞 邊塞職韻滿也窒也 瑁 玳瑁號韻天子所執圭 北 分異也書分北三苗職韻南北又敗北

十二震

儁 通俊亦作雋銑韻鳥肥也 墐 塗也詩塞向墐戶又瘞埋也真韻黏土也同堇

十三問

拚 埽除之名霰韻舞拚同抃

十四願

十一隊十二震十三問十四願十五翰十六諫

韻辛 二四 呂海寰書

溷 濁也世溷又穢也厠也元韻音魂溷溷煩濁貌又熱鬱貌

十五翰

縵 繒無紋也周禮巾車卿乘夏縵諫韻絃也禮不學操縵又古歌糺縵縵兮緩也

十六諫

柵 音訕籬也陌韻樹木立柵寨柵又村柵又閑物使不出也

十七霰

倩 美好也敬韻使令又壻稱

十八嘯

弔 問終也愍也錫韻至也 敫 歌也藥韻光景流貌 約 要約券書也藥韻束也又期約儉約綽約 繞 卷取物貌篠韻纏繞

十九效

樂 喜好也益者三樂覺韻音樂藥韻喜樂音洛 較 比較覺韻車較重較

櫂 楫也同棹覺韻樹枝直上貌

二十號

暴 殘暴屋韻日乾也同曝 告 相語也沃韻忠告 冒 覆冒欺冒職韻音默貪也左傳貪冒之民 澳 深澳又水名屋韻水隈也 鑿 在到切穿孔也圓鑿

方枘藥韻音作鮮明貌

瀑 疾雨也屋韻瀑布

二十一箇

作 音佐造也俗用做非藥韻亦造也又興起也振作又坐作

二十二禡

霸 五霸亦作伯俗作覇陌韻月始生霸然也月體黑者謂之霸通魄

藉 薦物也易藉用白茅又馮藉慰藉蘊藉陌韻狼藉又耕藉

射 大射鄉射實用禡韻音夜僕射官名陌韻以弓矢射物也又音亦厭也無射律名凡實用去聲虛用入聲

二十三樣

兩 專訓車數詩百兩御之養韻義通又再也匹耦也又二十四銖為兩

迋 音旺往也又恐懼也養韻欺也詩人實迋女

儻 倖也養韻倜儻卓異也又儻儻舒閒貌

二十四敬

評 品論也月旦評敬韻平言也韓詩新輩足嘲評

偵 廉視也庚韻音檉候也探伺也

二十五徑

瞑 夜也夜瞑又瞑瞑醉翁亭記雲歸而巖穴瞑青韻音明幽也晦瞑按夜瞑專入本韻晦瞑義平去通

二十六宥

宿 星宿屋韻宴息也信宿

柚 似橘而大屋韻柕柚

覆 蓋也屋韻反覆也

復 又也再也屋韻往復興復 **副** 貳也佐也屋韻剖也職韻劈也禮為天子削瓜者復之

畜 牲畜也周禮庖人掌共六畜用為牲養為畜屋韻養也止也 **蔟** 太蔟律名屋韻蠶蔟通作蔟

伏 鳥覆卵也屋韻潛伏拜伏 **讀** 音豆句讀屋韻誦讀

二十七沁

枕 據物以臥首也論語曲肱而枕之又魚枕魚腦中骨也寢韻臥薦首者詩角枕粲兮

二十八勘

萏 音憾萏含心欲秀也又花蕊感韻花開也

二十九豔

脅 妨也洽韻胸脅 又迫脅

三十陷

鑱 土具咸韻音鑱犁鐵銳也又刺也 小鑿也

一屋

幅 布帛有幅職韻音逼行縢名詩邪 幅在下左傳帶裳幅舄

樸 叢木覺韻樸素 質樸

踧 踖踧錫韻行平 易也

觳 量名又觳觫覺 韻盛脂器

偪 偪陽邑名職韻 作逼迫也

燠 煖也皓韻熱也號韻以水添釜曰 燠釜

二沃

足 音啜趾足也又滿也止也又足足雌鳳鳴聲遇韻過也論語足恭又添物也

三覺

覺寤也知也效韻音教夢醒也詩尚寐無覺 逴略逴行貌凡蹇者謂之逴又超逴築韻疾行也

四質

卒終也盡也月韻倉卒同猝又隸卒役也 汋潛藏也深也物韻汋穆微也 汩水流也淢汩奔汩蕩汩从日月

韻汩没又決汩通也又汩汩水聲錫韻汩羅江名从日

五物

厥突厥國名月韻其也貽厥

六月

越 踰越又國名曷韻䟽越瑟下孔也 又越席蒲也 滑 亂也又滑稽黠韻利也周禮調以滑 甘

梲 大杖也屑韻梁 上楹 閼 太歲在卯曰單閼 曷韻止也塞也 楬 表楬黠韻故也止樂器 又木豆也

七曷

拔 拔起挺拔黠韻 擢也抽也

八黠

擖 刮也又折也架也洽韻 押擖重接貌 頡 減剋也盜頡羹頡屑韻飛貌頡頏 又倉頡古史官

九屑

覈 邀也陌韻通核驗也究其實也 綜覈刻覈

七曷八黠九屑十藥十一陌十二錫

十藥

卻 退也不受也俗作却非陌韻地名又通隙从卩

莫 無也不肯也又茂也詩維葉莫莫陌韻莫莫靜也詩貊其德音左傳作莫

格 廢也阻也陌韻資格又感格

柞 櫟也陌韻芟也除草也

魄 落魄貧無業也又旁魄同薄陌韻魂魄

澤 格澤星名陌韻山澤又潤澤

昔 安也考工記老牛之角紾而昔陌韻今昔古昔

踖 踖陵地名陌韻踧踖敬貌

十一陌

適 樂也往也錫韻音的專主也詩天位殷適禮適子適士適室

翟 陽翟縣名錫韻山雉又戎翟

十二錫

摘 音剔又指摘陌韻手取也

鬲 鼎屬釜鬲陌韻鬲津縣名膠鬲人名

十三職

植 種植寔韻版幹也周禮大役與慮事屬其植 埴 書朕堲讒說殄行疾也又風堲又燭燼也質韻禮夏后氏堲周燒土葬也

十四緝

㩉 下入也益也粲土也吳都賦墉㩉鱗接葉韻田實也

十五合

欱 大歠也洽韻同欱嘗也

十六葉

喋 喋喋利口也又血流貌又食也洽韻唼喋鴨食也啑喋鳧雁食

十七洽

霅 音狎衆言聲又煜霅光貌又縣名水名葉韻音懾霅霅震雷貌又鞁霅驚捷疾走貌

韻同義異者

支 **茲** 音孜此也　又音慈龜茲西域國名　**其** 指物之詞　又音姬語詞

虞 **夫** 男子通稱　又語助詞

删 **間** 中間俗作閒　又閒暇俗混

陽 **將** 音漿發始詞又送也　又音鏘聲也詩佩玉將將　又願詞也將伯助予又嚴正貌應門將將

麌 **父** 父母　又男子美稱

寘 施 施與支韻通設施之施專屬支韻　又及也延也如施于中谷施從良人之類

霰 傳 經傳　又驛傳

漾 向 音嚮志向相向　又音餉地名又姓

月 卒 隸卒　又倉卒同猝

屑 折 拗折　又斷而猶連也

葉 葉 枝葉　又音攝縣名

原本於音韻之要燦然大備今復細加考正略者詳之闕者補之並分其韻次庶使閱者易於

檢查其韻異義同者不及備載有南豐杜君所輯歧疑韻辨可以參考

正譌

凡正體之字大書俗字旁注其有承用已久之字各注於正字之下以示時趨其本字之小異於今文者間舉一二以存六書之旨　凡用作偏旁之字曰某某準此不能偏舉者曰从某之字準此其偏旁之譌可以類舉者曰凡从某者不作某偏旁相同者曰某某並从某數字同一偏旁者則於其聲之最先者正之或擇其字之習見者正之餘皆附見於其下謂之舉隅示有所不能盡舉也

平聲

東 東　蟲 虫　雄 雄

風 風 从風之字準此　隆 隆　功 切

蒙 蒙 濛朦矇準此　叢 菆　驄 騌

崔永安書

悤 匆悤 蔥聰總準此　㚇 夋 从㚇之字準此　椶 棕

鬉 鬃　龍 龍龍　從 從

蹤 踪　邛 邛 筇字準此　凶 凶 兇字準此

匈 匈 从匈之字準此　窗 窓牕　邦 邦

雙 雙　龐 龐　垂 垂 承作垂 捶陲郵準此

奇 奇 从奇之字準此　宜 冝 誼字準此　離 離

師 師 追帥並从𠂤　兒 兒 从兒之字準此　危 危

夷 夷 姨荑準此　黿 黿　昔 古時字○昔

辭 辭 亂亂並从𤔔 絲 絲絲 隨 隨 隋髓惰並从有

危 危 貍 狸 貓字並从豸 卑 甲甲 从卑之字準此

虧 虧 彝 彝 凡彑頭承作彑 羈 羈 羇字並从四

夔 夔 衰 衰衷 承作衰 鼇 鼇 嫠釐並从孷

尼 尼 義 義 羸 羸 羸並从羸 羸羸羸羸 凡肴作凡

隨 隨 哥韻音惰並同 瓷 瓷 者 者 嗜著並从日

雖 雖 貌 貌 匝 匝 迊字並从也

微 微微 徽 徽 幾 幾 承作幾 从幾之字準此

三 爲 二

崔永安書

歸 歸帰　初 初　疏 踈

豬 猪　於 扵　芻 蒭

雛 雏　趨 趍趋　敷 敷 本作敷

梟 梟　臾 臾 从臾之字準此　圖 圗 鄙字並从啚

吳 吴 承作吳　蘇 蘓　麤 麄

雩 雩 夸字並从亏　齊 凡从亝頭者不作亝　低 仾

兮 兮子　齋 賫齋　攜 擕携

犀 犀 遲墀準此　圭 圭 佳封卦準此　淒 凄

齋 齋 齏
乖 乖
懷 懷 瓌壞並从褱

皆 皆 習字並从白
灰 灰 詼恢準此 惟炭字从屵得聲不作灰

頮 頮
杯 盃
臺 臺

來 来 徠萊準此
哉 㦲
顋 腮

回 囬 承作回
因 囙 恩茵準此
辛 辛 辭字準此

辰 辰
臣 臣 从臣之字準此
賓 賔 从賓之字準此

鄰 隣
珍 珎
垔 垔 堙湮煙準此

鄰 鄰
豳 同邠○豳
泯 泯

正為 三

崔永安書

夤 夤 从夕　紉 紉　羣 群

熏 熏 薰勳準此　般 般　勤 勤 謹覲並从堇

原 原 源愿準此　猨 猨猿 本作蝯　冤 寃

番 畨 潘播準此　屯 乇 从屯之字準此　髡 髠

飧 飱　袁 袁 从袁之字準此　樊 樊 礬攀準此

温 凡从昷旁者不作昷　宛 宛 从㔾 蜿婉畹準此 鴛苑怨並从夗

餐 飡　安 安 从安之字準此　單 单单 从單之字準此

看 看　乾 乾與先韻之乾義異字同　冠 冠

寬 寬 難 難 艱歎漢並从𦰩 般 般

鰥 鰥鰥 遝字並从眔 關 關 淵 淵

邊 邊 本作邉 錢 銭 箋字準此 然 燃

旃 旃旃 栴字並从冄 廛 厘 瀍纏準此 聯 聯聯

甎 塼 員 貟 从員之字準此 權 權

乾 乹 沿 沿 承作㕣 船鉛並从㕣 遷 遷

焉 焉 承作焉 虔 虔 氈 氊

憐 怜 堯 尭 从堯之字準此 幺 么 麽幼準此

楊佩璋書

囂 囂　飆 颷　邀 邀 徼竅並从敫

喬 喬 橋矯準此　條 條 絛篠準此　枵 枵

窰 窑 本作窯　巢 巣 樔漅準此　包 包 从包之字準此

坳 坳 窈字並从幼　敲 敲　抛 抛

豪 亯 凡从亯頭者不作　操 摻 澡藻並从喿　襃 褒

鼇 鰲 鼈字並从黽　曹 曺 遭漕糟準此　匋 匋 从匋之字準此

勞 劳 榮字並从炏　發 發　皋 臯

過 過過 媧窩禍並从咼　蓑 蓑　馱 馱 杕字並从大

覶 覶　那 那 娜挪準此　麻 蔴 承作麻

叉 叉 釵汊杈準此　拏 拿　夸 夸 匏誇袴準此

樝 樝 皻字並从虘　些 些　爬 爬

鄉 鄉 承作鄉 薌響嚮準此　章 章 从章之字準此　莊 莊 粧字準此

梁 梁 粱字並从刅　黃 黃 从黃之字準此　倉 倉 蒼滄準此

嘗 嘗　囊 囊 橐櫜並从𣎆　腸 腸 場字並从昜

罔 罔　匡 匡　倡 倡

羌 羌　畺 畺 彊疆薑準此　牆 墻

三 … 五

楊佩璋書

桑 桒　額磉準此　糧 粮　凰 凰

尪 尫　尷尰並从尢　贓 贜賍　将 将　从夕　鏘蔣準此

戕 戕　亡 亾　忙忘荒準此　當 當

糠 糠　粧 粧　一作粧　涼 凉

卬 卭　昂字準此　牀 床　庚 庚

羹 羮羹　京 亰　从京之字準此　亨 亨　从亨之字準此

阬 坑　輕 凡从巠旁者不作坙巠　衡 衡衡

爭 争　静諍準此　聲 凡从殸頭者不作殸　盈 盈

秔 粳　賡 賡　撐 撐

煢 煢　卿 卿 一作卿 承作卿　鶯 鷪

廷 廷　靈 靈　冥 冥 溟暝瞑準此

冰 冰　乘 乘 剩字準此　升 升 昇陞準此

憑 憑凴　徵 徵　興 興

稱 稱　曾 曾 从曾之字準此　稜 稜

朋 朋 鵬棚綳準此　恆 恒　麥 麦 从麥之字準此

憂 憂戞 優擾準此　流 流 旒毓並从㐬　畱 留 榴溜準此 承作留

劉 劉 劉字準此 斿 存 游遊準此 周 周 从用口 从周之字準此

舟 舟 从舟之字準此 收 收 侯 侯 从侯之字準此

婁 婁 娄 从婁之字準此 句 勾 鉤字準此 鬮 鬮

兜 兠 酋 酋 从酋之字準此 盤 盤 本作盤

尋 尋 潯燖準此 沈 沈 沉 琴 琹 琴

陰 隂 鍼 針 紝 絍

簪 簮 潛 僭 憯 譖等字並从朁 參 叅 叅 摻滲準此 含 含 貪念並从今

枏 楠 髯䑙並从冉 蠶 蠶 蠶字並从兓 耽 躭

鹽 塩　嚴 嚴嚴 巖儼準此　廉 㢘 薕字準此

匳 奩　兼 兼 从兼之字準此　籤 籖 纖讖並从籤

黏 粘　詹 詹 从詹之字準此　僉 僉 从僉之字準此

閻 閆　鹹 醎　函 凾 涵菡準此

銜 銜啣　凡 凢　毚 毚 纔讒饞準此

巖 岩

上聲

泂 尚　宂 冗　冢 冡塚

勇 勇 湧踴準此
恐 恐恐 蛩筑並从巩
奉 奉 从奉之字準此

毀 毀
惢 蕊 蘂字準此
此 此

旨 旨旨 脂指詣準此
軌 軌 仇究究並从九
喜 喜 嘉字並从壴

裹 裹裡
矣 矣 埃俟涘準此
恥 耻

齒 齒 齡字準此
比 比 四畫 皆昆毖準此
爾 爾 从爾之字準此

鬼 鬼 从鬼之字準此
呂 呂 从呂之字準此
黍 黍

楚 楚楚
俎 俎 葅字準此
舉 舉

敘 叙 潊字準此
虎 作虍 凡从虍頭者不
豎 竪

魯 魯 櫓字準此　虜 虜 擄字準此　鼓 皷

體 軆　遞 逓　啓 啓 承作啟

解 觧解 从解之字準此　匯 滙　骰 骰

莅 莅　亥 亥 荄刻核準此　宰 宰 滓梓綷準此

迺 廼　允 允 沇吮準此　盡 盡 燼藎準此

準 凖　忍 忍　緊 緊

筍 笋　隱 隠隱 穩字並從㥯　齔 齓 从七

衮 衮衮 滾蓘準此　滿 满　館 舘

正譌

强鵬飛書

盌 碗

款 欵

斷 斷 承作斷繼字並从㡭

亶 亶 檀擅準此

潛 潜

產 産 滻剷準此

善 善 从善之字準此

免 免 从免之字準此

繭 蠒

翦 剪

卷 巻 倦睠準此

輭 軟

匙 卽鮮字 ○ 尠

雋 隽

兖 兗 州名古作沇以从允為合

眇 眇 渺緲準此

兆 兆

鳥 鳥 从鳥之字準此

卯 夘 聊柳昴準此

腦 腦 惱瑙並从㐫

嫂 嫂嫂

寶 寳

蚤 蚤 搔騷準此

皁 皂

鴸 鴸

擣 搗

瑣 瑣 鎖字並从肖

軃 軃躲 本作韡

朶 朵

果 菓

贏 同裸 ○臝躶

畢 篳

寡 寡

象 象

兩 両

爽 爽

往 往

謊 謊

莽 莽

景 景 影憬準此

永 永 詠泳準此

穎 頴

青 青

黽 黾 从黽之字準此

等 等

迴 迴

鼎 鼎 鼐鼒準此

後 後

正偽 乙

強鵬飛書

負 負 上从側人 久 久 厚 厚

叟 叓 搜溲準此 酉 酉 从酉之字準此 走 走 从走之字準此

畝 畂 韭 韮 缶 缶 从缶之字準此

耇 耉 臼 血旧 从臼之字準此 稟 稟 凜懍廩準此

覽 覧 攬欖纜準此 染 染 奄 奄 从奄之字準此

忝 忝 添字準此 減 减 決減並从冫 黯 黯 ○黔點默黜黠

範 範 范犯並从㔾

去聲

夢 夣梦 甍薨並从苗
鳳 鳯
眾 衆 承作衆

糉 粽
弄 弄
共 共 从共之字準此

器 器器
戲 戯
異 異 冀冀準此

備 偹備 承作備
棄 弃
類 類 左下從犬

寐 寐
邃 邃
牸 牸

祕 秘
稺 稺
致 致 承作致

奰 奰 目 从大从三横
次 次 从二
毅 毅

處 處處
據 據據 遽醵並从豦
助 助 从且 鋤筯準此

正譌 卜

强鵬飛書

庶 庻 遮蔗摭準此 覷 覻 度 度 渡鍍準此

樹 樹 澍字並从尌 步 步 右下無點 陟涉準此 具 具 俱棋準此

免 兎 逸字準此 顧 顧 懼 惧

募 募 裕 裕 妒 妬

護 護 互 互 沍枑準此 鋪 鋪

蠹 蠧 契 契 挈字並从㓞 麗 麗麗 从麗之字準此

繫 繫 擊字並从毄 弊 弊 斃 斃

衞 衛 隸 隸 閑 閒

正譌

壻 壻 从士
瘗 瘞
膂 膂

曳 曳 無點 拽洩絏準此
愬 愬
肥 肥

彘 彘
祭 祭 際蔡察準此
泰 泰

會 會 从會之字準此
帶 帶 从帶之字準此
蓋 蓋

賴 賴 从剌从貝 懶瀨準此
貝 貝 七畫 从貝之字準此
兌 兌 从兌之字準此

害 害
旆 旆
柰 㮏

卦 卦 外字並从卜
畫 畫
怪 恠

界 畍
屆 屆
曬 晒

十一

鄭思賀書

愛 愛𤔡 輩 輩 對 對

礙 碍 再 再 派 派

鬢 鬢鬓 晉 晋晋 縉搢準此 閏 閏 潤字準此

釁 釁 爨釁等字上从同承作同 峻 夋 凡从夋旁者不作 愁 愁

徇 狥 趁 趂 襯 㯴

眘 古慎字 眘 迅 迅 汎訊並从卂 奮 奮

獻 獻献 飯 飰 健 健

憲 憲 頓 頓 翰 翰 瀚字準此

散 散　爨 爨 上不从同中 作大不从大　旦 旦 从旦之字準此

贊 賛 从贊之字準此　彖 彔 篆蠡準此　奐 奂奐 从奐之字準此

貫 貫 慣實等字準此　幻 幻　篡 篹

變 變 下本从攴　面 靣 緬湎準此　彥 彦 顏字準此

麪 麪麵　見 見 从目从儿 宄亮秃並从儿　縣 縣 承作縣 懸字準此

召 名 㕣 从召之字準此　弔 吊　叫 呌

昭 昭　效 効　礮 砲

鬧 閙　告 告 案作告尚可　暴 暴 本作暴 瀑曝準此

正為　十二　鄭思賀書

冒 冐 帽勖準此 曐冕並从冃
冡 冡
箇 個
夜 亱 从夜之字準此
霸 覇 灞字準此
舍 舎 捨字準此
鎛 鎛
卸 𨚫 御字準此
漾 漾 樣字並从羕
壯 壮
暢 畼
刱 刱 即創字○刱
慶 慶慶
競 競
夐 夐 承作夐 瓊字準此
聽 聼
佞 侫
甯 寗
凳 櫈
壽 壽 承作壽 从壽之字準此
鬭 鬪 鬩字並从鬥
漏 漏
寇 冦
楙 楙 懋字準此

舊 舊　廏 廐　臭 臭

幼 幼 从幼之字準此　冓 再冓 講搆準此　獸 獸

漱 漱 蔌簌並从軟　呪 咒　湊 凑

甚 甚 从甚之字準此　豔 艷 灩字準此　猒 猒

驗 騐　陷 陥　鑒 同鑑○鍳

入聲

福 福　肉 肉　穀 榖

肅 肅 本作肅 从肅之字準此　穆 穆　麓 麓

正為

十三

鄭思賀書

鹿 鹿 从鹿之字準此
倏 倏
筑 筑 築字準此

叔 叔 从叔之字準此
宿 宿 本作宿
衄 衄

瀆 瀆
禄 禄 剝字並从彔
屬 屬 囑矚準此

獄 獄
毒 毒
局 局 挶跼準此

篤 篤
斸 斸
勗 勗

足 足 从足之字準此
覺 覺 學礐並从𦥯
角 角 从角之字準此

珏 珏
斲 斲
朔 朔 溯槊準此 厥字並从屰

隺 確本字○隺俗作鶴字用非 鶴確榷摧字準此
質 質 鑕字準此

吉 吉 結拮準此
密 宻 蜜字並从宓
畢 畢

卒 卆 本作卒 猝醉準此
悉 悉悉 蟋字準此
泰 桼 膝漆準此

柒 俗漆字今通作七字用○柒
蝨 虱
鬱 欝

髮 髮
闕 闗
罰 罸

發 發
突 宊
骨 骨

達 達 撻闥準此
闊 濶
鉢 鉢

奪 奪
辢 辣
捋 捋 从寽 酹埒並从寽

犮 犮 拔跋祓準此
戛 戞 从百从戈
犖 犖

鄭思賀書

剎 剎 下从术 殺弒並从杀 舌 舌 从千 从舌之字準此 絕 絕

鐵 鐵 切 切切 竊 竊

涅 涅 蔑 蔑 篾字並从四 徹 徹 澈轍並从育

爇 藝 暬 暬 節 節

別 別 鈌 鈌 頁 頁 从百从八

鶴 鶴 嚳 嚳 索 練

郭 部 鑿 鑿 橐 橐

著 著 龠 龠 卻 却 腳字準此

咢 咢 咢諤準此 略 畧 虐 虐
席 席 策 策筞 柏 栢
脈 脉 隙 隙 中从白 參 参 从來从夕 麪麵準此
冊 冊 刪字準此 奭 奭 革 革 从革之字準此
獲 獲 戟 戟 眷 眷
益 書 書 鬲 鬲鬲 从鬲之字準此
邃 古笛字○邃 覓 覔 迹 跡
職 職 飾 飾 飭字準此 黑 黑 从黑之字準此

張人駿書

尅 赳
啚 啚 从啚之字準此
急 㥯

亟 亟 極殛準此
泐 泐
臘 臈 躐蠟獵並从巤

德 徳
北 北 乖背兾冀準此
帀 匝

澀 澁 上从刃
𦐇 ⿱日羽 上从冃 榻闒準此
燮 爕

沓 沓 踏涾準此
捷 㨗 蜨箑準此
夾 夹 从夾之字準此

葉 葉 牒諜並从枼
劫 刼刧

疊 叠 一作疉

臿 臿 上从千 歃鍤準此

增訂正譌

沖 冲　規 規　遲 遅

敧 欹　褫 褫　閭 閭

盧 盧　㝵 㝵　瓠 瓠

隄 堤　笄 笄　纔 纔

巡 廵　墳 墳　珊 珊

顏 顏　鑴 鐫　苗 苗

迣 迣　罟 罟　拗 抝

齩 咬　寫 寫　柳 栁

毆 毆　謚 謚　杕 杕

嫩 嫩　亮 亮　譖 譖

筆 筆　鼈 鱉　託 托

迫 廹　檗 蘗　闐 闐 闐

輒 輙

字學舉隅一編歲戊戌隨侍黔陽與學博黄虎癡先生所輯者也初鋟板於長沙再刻於京師江右張仲眉同年復是正之而刻於南靖官舍閒攜其書至都中貽余余閱而善之謂能匡所不逮惜其中猶有未盡糾正者京居多暇乃取前後所刻本及張君重刻本互證而詳校之增其舊之所闕而易其未安復得同年李君子迪鄧君雙坡蔣中甫前輩商

蔣式芬書

搉其疑義編定重付剞劂茲編蓋至是凡四
刻矣夫六書之旨極博是區區者誠無足道
然辨别毫釐校正譌誤將以下示承學之士
而上窺制字之原或亦通人之所不廢也世
有惠余如張子者是則鄙人之厚幸也夫旹
道光二十有六年夏四月望日啟瑞謹跋於
都門寓齋

琉璃廠秀文齋重雕

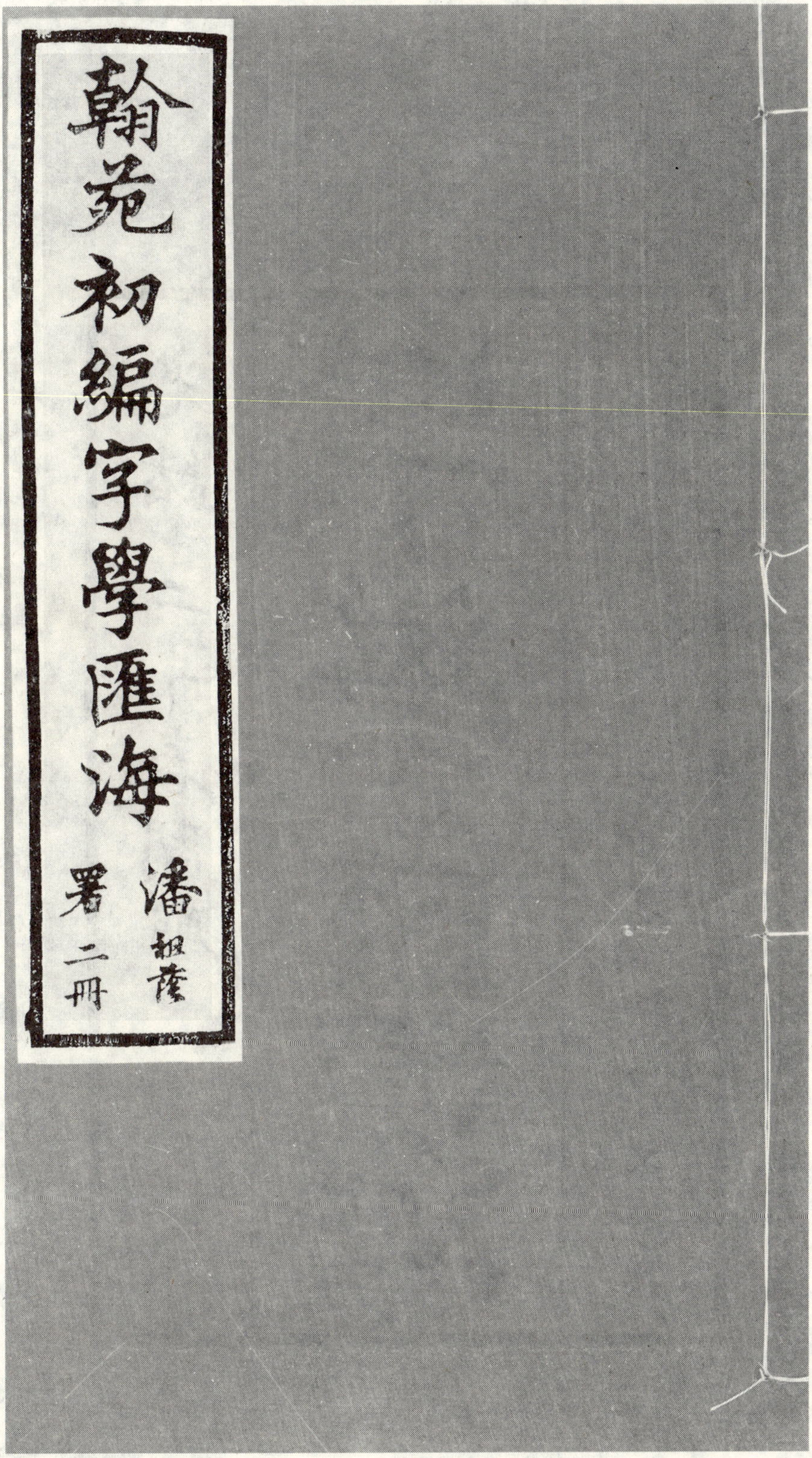
翰苑初編字學匯海
潘祖蔭
署 二册

光緒十二年春開雕

字學匯海

京都琉璃厰秀文齋藏板

字學便覽序

是編之錄始於癸未冬訖於乙酉夏皆就翰苑工書者詳加攷正分繕成篇内多與坊間刻行者同原爲家塾子弟揣摩善本友人見而愛之慂慫以付手民公諸同好他費且論若編内某々之別樣濾也樣掤覓也等字固皆肯人所不及料者

再復於友人綴諸簡弁

光緒十二年新正月上九潘祖蔭伯寅氏識

秀文齋南紙店初刻

辨似

二字相似

乙乚 上幹名下烏拔切燕也

丅下 上幹名下古下字

匕七 上刀匕比尼旨鴇等字从之下古化字

刀刁 上到平聲下音貂豎刁刁斗皆从刁古止刀字今分

夂夕 上同夂盈麥字从之下朝夕从夕者从之

匚匸 上胡里切匹區等字从之下府良切凡作器具訓者从之

夊夂 上音吹夊在下者从之下音黹夂在上者从之

叉叉 上叉手杈釵从之下古爪字蚤字从之

歹歺 上音遏歺之變體殊殘字从之下好之反也

𠫓云 上古突字从倒子育充等字从之下古雲字又曰也

丏丐 上音免沔眄麪字从之下俗匄字

攴支 上朴本字从攴者从之隸又作攵从攵者亦从之下音枝从支得聲者从之

少少 上老少又多少下音撻步字从之又賓本从𡧍得聲今亦从少

丰丯 上丰采邦夆字从之下芥本字耒害憲字从之

回囬上同回下古面字

个个上同箇下古丁字

凡凣上大凡風鳳从之下彈凡亦作丸

卂凡上同迅訊汛从之下本作卂今作凡从巩者从之

廴辵上引本字長行也惟延廷建三字从之餘多从之下丑略切乍行乍止也今作辶

刃刅上鋒刃忍訒字从之下楚良切傷也刱梁字从之

曰冃上語也口上缺曷曼最替曾書會曹字从之下音皃中畫兩旁缺冒冔冕冑㡌字从之

内禸上内外下柔上聲禹禺禽萬字从之

二字相似 卑人 二 徐會澧錄

朮术上匹刃切枲麻字从之下秫省字述術怵字从之

壬王上幹名任衽妊飪字从之下他鼎切呈聖廷望聽徵字从之

无旡上易之無字下於未切旣炁既字从之

毋毌上禁止詞下古貫字虜字从之

殳夊上兵器毃毆殺段字从之下莫勃切本作叟隸作叏今作夊没歿字从之

友犮上朋友下音跋拔跋茇髮字从之

𠬝𡰥上音服治也報服字从之下人善切柔皮也

爪瓜上覆手也象形今作叉用孚覓爲舀字从之下瓜華

廾丱 上古卯字又礦也周禮有廾人下丱角

疋疋 上即正字定是字从之下音蔬足也又古雅字足字疏字胥字並同又借用作匹字

本夲 上根本下音叨進取也皋字从之

匄匈 上古達切又音蓋乞求也又乞與也一作匃俗作丐曷渴字从之下胷本字洶字从之

禾禾 上禾稼下音雞从木屈首稽嵇字从之

刊刋 上削也又通栞禹貢栞木今作刊下音茜切也从千

尻凥 上音敲脽也下居本字

舌舌 上口舌从干甜舐等字从之下古活切塞口也本作𠯑隸作舌話活括刮等字从之

二字相似

句勾 古止句字後分章句勾留然鉤軥之類無从勾者即句芒句萌亦不作勾

冉再 上姓變作冄枏聃髯等字从之偏旁作冄那字从之下又也今作再

且旦 上苟且查助宜等字从之下明旦亶量鼂字从之

玉王 上金玉下許救切玉工也點在上又須六切西戎國名

卅卉 上同卅三十并也下花卉

伏伏 上音代海中地名下俯也

臾曳 上須臾庾諛字从之下古蕢字隸作虫貴字从之

辛辛 上幹名辛辭辟辨辯等字从之下音愆罪也从二从干二古上字妾童皐辜等字从之

帆帆 上舟帆下同耆又同祁伊帆堯號

西西 上東西𧟢字从之下音亞本作襾覂之賈覆覈等字从之

汏汰 上徒蓋切水激過也又擊汏下音訓並同今沙汰汰侈專用此字實則只一汏字也

次次 上次於上也从二下涎本字羨盜字从之

囟囪 上音信小兒頂門腦䜌字从之下窗本字悤字从之

臼臼 上杵臼臿舂舅舊鑿等字从之惟兒上象囟鼠上象首篆作臼隸變作臼下居玉切同匊臾叟舁與學覺等字从之

朽杇 上朽木下音烏鏝也

刕劦 上音梨姓也通作務下音戾同力也荔珕協脅勰等字从之

二字相似

胡泰福書

邗邘上邗江左傳哀九年吴城邗俗从干誤下音于衛邑

咼咼上音寡剮肉置骨也咼字从之下音科口不正也媧過窩禍等字从之俗作咼咼非

彤彤上音融彤日祭名下音佟丹飾也

系糸上世系孫縣係等字从之下音覓細絲也絲字从之

弃弆上古文棄字下音舉藏也

皀皀上音香穀之馨香也又方力反一粒也鄉卿旣卽等字从之下音香望遠合也

串丳上穿也下音鏟炙肉器

岐歧上岐山下歧路古止歧字今分

廷庭上朝廷下宮中也王庭彤庭皆作庭又專為家庭字

沐沭上沐浴霖字从之下音朮水名

攺改上更改从人己之己下毅改音該以大剛卯从辰巳之巳

防坊上隄防古止防字後作坊今邑里之名專用坊字

汩汨上音覓汨羅又音骨汩汨水聲下于筆切治水也又水分流皃

炙灸上音隻燔炙下音久灼也鍼灸

岡罔上岡陵由网得音者从之下無也由罔得音者从之

泊洎上淡泊又止舟也下音暨及也

二字相似

胡泰福書

佳隹 上善也下音錐短尾鳥雖維雉雀等字从之

幸幸 上慶幸倖悻字从之下音達本作羍小羊也達字从之

戾戾 上乖戾下音太輜車旁推戶也

帑帤 上音奴妻帑又音儻帑藏下音如巾也

杮柹 上芳吠切削木朴也下音士赤實果或作柹俗作柿非

祅祆 上祅孽同妖下音軒西域神名

兓兟 上音侵兓兓銳意也从二旡朁本字朁潛簪蠶譖等字从之下音莘進也同甡甡甡衆多皃从二先贊字从之

斦斦 上斧斦下古析字

受受上授受下音到姓也

昄皈上大也詩土宇昄章下皈依同歸梵書字

帖怗上帛書籤題也又帖妥帖服下音占怗懘敝敗也見禮樂記

罙宩上音彌詩米入其阻本作罙下音森突也深琛探等字从之又姓也

佯徉上詐也古書多用作陽字詳字下徜徉戲蕩也

般般上反也見賈傅弔屈賦下般旋般樂槃盤字从之

柰奈上果名下奈何古只柰字今分

美美上美好下即羔字

二字相似[illegible]辨以六[illegible]胡泰福書

扃扃上閉也下音賞戶耳

苗苖上禾苗从田下音翟草名从由

恊協上同心之和也下同衆之和也今專以協和協恭屬協而以恊作愶字用

奕弈上大也奕葉下圍棊也

軌軓上車軌下音範車軾前也

洒灑上滌也俗用為洗字非洗洒足也見內則又高峻皃見詩新臺下灑埽散水埽地也經典皆假借洒字

很狠上鬬很下五還犬鬥聲

冑胄上甲冑从冃同音冒下世胄从月月同肉

帟㡩 上音亦小幕也下音鑾帶也

柔柔 上剛柔下栩也一作杼同芧橡子也與機杼之杼同形異義

郄郗 上姓也本作郤下音希周邑又姓

柴柴 上薪柴下燔柴以祭天曰祡今經典皆作柴

茬茬 上桂茬蘇也又茬苒下音馳草皃又山名茬平縣在其下俗作茌非

浙淅 上浙江又作淛下淅米

倚徛 上依也下音崎舉脛以渡也又音寄爾雅釋宮石杠謂之徛

翁翁 上老翁又飛皃下音分翻翁飛皃

二字相似

蔡曾源書

蚩蚩 上氐蚩姸蚩下尹善切蟲伸行也

勑勅 上徠本字經典通爲敕正之敕亦混作勅下敕之或體

衾衿 上大被也下同襟本作裣

掎犄 上掎捔左傳襄十四年譬如捕鹿晉人角之諸戎掎之本作角掎乃俗字也下音鹿𪋶義亦相近又音才古反

旅玈 上軍旅下音盧黑色

奘奘 上藏上聲秦晉閒人大謂之奘見揚子方言下音同妄彊犬也

晏宴 上天清也又早晏又姓下安也宴息又宴饗通燕

窋窟 上物在穴中皃又后稷之子名不窋下巢窟

這這上音彥下籀文誕字

眾眔上眾寡承作衆下音沓目相及也遝懷鰥等字从之

聆耹上聽也下音琴耹遂地名見國語

臭狊上臭味嗅字从之下古闃切犬視皃闃鶪湨等字从之

莧萈上菜名从艸下火丸切山羊細角者下从兔足上从苜得聲苜上从卝卝工瓦切羊角也隸省作卄與艸頭苜蓿之苜異寬字从之

梏牿上桎梏下牛馬牢也

壺壼上酒具承作壺下音閫宮中衖謂之壼通作閫

船䑠上舟船下音貂吳船或作舠

二字相似

畢之

蔡曾源書

得淂上得失下水皃

莅涖上臨也下水聲亦同莅

脣唇上脣齒湣字从之下音真驚也又音震

望朢上瞻望下月滿也

寁疐上子感切速也詩不寁故也下同躓詩載疐其尾嚏懥字从之案疐字入字典疋部九畫小徐說文袪妄作疐近刻經典有作疐者並非說文本从叀从冂从止字當作疐張參五經文字嚏字偏旁得之廣韻作疐中斷玉篇作疐亦云作疐

第笫上次第又但也又第宅下音姊牀笫

逮逯上及也下力玉切逯逯謹也衆也又姓

寔實 上是也下富也又果實

粵奥 上發語詞又地名从宷从亏今省釆為米下室西南隅从宀从𢍏今變廾為大澳燠字从之𢍏音劵摶飯也

嵇稽 上山名又姓本作嵆下稽考从禾不从禾

菫堇 上音謹苦菜音覲毒草从廾頭从堇省下音勤黏土也从黄省从土承作𡍮勤廑覲僅謹鄞等字从之

登登 上登臨从癶即撥字下豆登本作𤼷經典皆假借登字

掔掔 上音慳固也或借作牽下捥本字手掔也

鼓皷 上樂器又凡出音曰鼓鼓舞鼓琴鼓瑟皆作鼓下擊鼓也獨用

寘寘 上同置下填本字

二字相似

辛亥 乙 朱善祥書

慄慄 上音栗懼也下音速慄斯承上顏色也

綏綏 上安也下纓也

冪冪 上同幕下同扃

蓋葢 上語詞下覆葢古本一字俗作盖非

蒲蒱 上蒲艸不可作蒱下摴蒱可通作蒲

亹舋 上亹勉下同釁

羈羇 上馬絡頭下羇旅古止羈字今分羇旅可作羈羈靮不可作羇

龒櫳 上窗也下獸檻亦通用

湇清 上幽溼下肉汁

葚椹 上桑葚下音砧習射木趺

屆届 上至也从凷凷古塊字作屆届非下音由巢穴

苟茍 上苟且从艸下本作茍音吉从卝本作𦍌省作卝象羊角形敬字从之按此與苜莧芊蔑上从卝者同

急㥯 上从刍即及字下同隱隱穩等字从之作悤急非

侯候 上公侯本作矦下時候伺候候望本作候今承作侯候上不从工

修脩 修身可用脩脩脯不可用修倏絛儵務字並从攵與隆異

旃栴 上旃旂作旃旃非下栴檀香木名作栴非二字不从冉

朕眹上从月天子自稱下从目瞳也又眹兆今作朕

效効上效法功效下効力古只效字今分

崇祟上高也下音碎神禍

玫玟上音枚玫瑰下同珉

弦絃上弓弦下琴瑟絃古止弦今分

門鬥上兩戶相對也下爭也兩王共國則鬥鬩鬧鬮鬭字从之闞字从門望也又姓王使人闞夫子訓偷視闞如虓虎訓奮怒也

負負上勝負从側人下音裴河神从力

嗺嶉上送歌下俗崔也

寖寑上漸也下卧也

雎睢上仰目也許惟切又恣睢讀去聲又范雎人名睢陽地名並音綏下雎鳩从且

溼濕上失入切燥溼下音沓水名即漯之本字古作㵽

痺痹上音畀溼病下音卑牝痺鳥名見爾雅

嗔瞋上音田盛氣也詩振旅闐闐孟子填然鼓之皆此字之假借下昌真切張目也瞋怒也

械緘上篋也下緘封

奭奭上舉朱切目衺也下音釋盛也又召公名

斟斢上斟酌下音拘挹也又假借為賓載手仇之仇

二字相似　畢人上一　蔣艮書

孃娘上母稱下少女號

槍鎗上音鏘距也抵也又刀槍下楚庚切鐘聲又鏗鏘之鏘本作鎗

駃駛上音玦駃騠俗謂馬騾下音使疾也本作駛音試

敲歊上橫擿也下音囂氣上出皃炎歊

榮禜上桐木又榮辱又屋翼也下音詠祭也

幕冪上音莫帷在上也下音覓以巾覆物說文冪作幎从巾冥聲今皆承作冪

寤窹上覺而有言下竈名

駁駮上馬色不純也下獸名鋸牙食虎豹又隰有六駮木名皮班駮也又改正文書曰駮礙字从之

扉扉上草屨見左傳下戶扇也

偏徧上偏頗下周徧

閒閑上音菅隙也音閑閒暇或作閑今不从音諫閒隔閒道皆从月不皆下闌也防閑古多借為清閒字嫻習字

筋筯上筋力下同箸又水蟲名

須湏上頤下毛也今別製鬚字而假須為需又斯須下古沬字洒面也案說文大小徐本沬字下古文皆作湏段氏玉裁改作類引尚書王乃洮類水釋文為據其說甚通特湏字相沿已久姑存而正之於此案鬚當从須

飭飾上音敕戒飭下音拭修飾

款欵上悃款款識一作款下音哀訾也又歎聲又音藹欵乃湖中節歌聲或讀作褉非

夋夌上音逡俗作夋非俊竣等字从之下音零俗作麦非菱陵等字从之

邪耶上正下俗今分上為邪正下為語詞

杖杕上拄杖下杕杜

屐屐上履也凡履屟之類从彳下同庋庋閣又祭山曰庋縣

梵梵上音求地名下音范梵唄

隄堤上隄防下音邸滯也今通隄

萑雚上音追草多皃下音完雚葦本字今省艹頭遂與上字形相似宜作雈俗作萑非

晢晳上音昔白也同晰古从白作晳下音制同晰詩明星晢晢易明辨晳也

甄歅 上甄陶下因煙二音九方歅相馬

槁稾 上枯也下禾稈亦作稾槀

氂釐 上豪氂今作毫釐下離僖二音理也福也犛嫠斄字並从𠩺不从敄敎

槷槸 上同闑下音詣木相磨

頫覜 上俯首下覜聘

穀榖 上百穀从禾困黍稟粟等字从之下木名从木

操摻 上操守又琴操下見鄭風又漁陽摻

樸朴 上質樸下木名

二字相似　辛火　卜三　裴維侒書

邃篴 上深也从穴从遂下同笛从竹从逐

謖謏 上音速興起也下沙上聲強言也

谿豀 上同溪从谷下勃豀从谷

懇墾 上殷懇下墾田二字本从豤

舊雚 上新舊下古觀字

簟簞 上莞簟下簞瓢

鯈儵 上音稠小魚下同倏

轍輒 上車迹下專也

養養 上供養下音戀常山人謂祭曰養本作養

凜懔 上寒也下敬也畏也古只凜字本作凛引伸爲敬畏之意今分用

憚殫 上畏難也去聲下盡也平聲

賣𧶠 上買賣下音欲瀆讀牘櫝犢竇等字从之

篪箎 上音池壎篪下音虒竹名高百丈

髻髺 上髮結也下絜髮也又同刮刮摩也見考工記

諡謚 上謚號下音益笑貌

彊疆 上同强下封疆

二字相似

辥薛 上辠也下賴蒿也又國名又姓今相承作薛

蘂蘂 上草木叢生也下華内曰蕚外曰蘂

閺閿 上静也見易下音文低目視也閿鄉地名俗作閺

縻縻 上羈縻下縻粥縻爛縻費

盩盭 上引擊也又盩厔縣名山曲曰盩水曲曰厔下同戾又染綠草名通莀綟案此二字下本从血今文省从皿

嬴羸 上少皞姓瀛字从之下賈有餘利也籯字从之

斂歛 上收斂下呼濫切欲也予也

鍾鐘 上酒鍾鍾毓下金樂也周禮作鍾

螽蠭 上螽斯下即蠭字

燹⿱豩犬 上野火先上聲下音乖犬也

鮺鯗 上鮓正字藏魚也下音想魚腊俗作鮝非

⿰米睪釋 上淅米也下解也詩大雅釋之叟叟乃借釋為⿰米睪字

夒夔 上音猱貪獸下音逵魖也又堯臣名

闞鬫 上望也通作瞰下虎怒聲詩闞如虓虎

贑贛 上音紺縣名章貢二水合流為贑下音貢賜也又音感前漢地理志豫章郡贛即今之贑也今府縣皆書作贑贛字从貢戇字亦从貢

顥灝 上白皃天邊氣也下呼老切豆汁又灝溔水勢遠也

二字相似

裴維侒書

鏖鑣上温器下馬銜也又盛皃

三字相似

冘音淫行皃又音由冘豫　穴土室也　宂宂長作冗非

卯音濟事之制也卿字从之　夗音苑轉卧也同夗宛怨字从之

卯干名卯之言冒也古作丣與丣别丣乃古酉字

夅降本字下畫連　夆音逢義亦相近　夆相遮要害也又夆亭地名

市市井闤字从之　巿音撥本作朮通作韍芾肺沛姊芾字从之　𠂔即里切止也第胏泲秭等字从之

叱音七呵叱从七　吪音化開口皃从匕　吒音姹憤也叱怒也亦作咤曲禮曰毋咤食

另 音令分居也

另 音寡剔肉置骨也本作冎

另 音牌別也案另另二字實只一冎字後人以另讀牌訓別也乃專以另為冎而別牌字仍當從另

四 象四分之形泗駟字从之

四 横目字罠罘字从之

罒 本作网隸作罒下畫不連左右罜羅羈罵等字从之與罟罾等字今文作冈實亦从网者同

朷 音刀木心又音木杒桑也

朸 音勒木之理

杒 音刃桎杒木名

延 長也

延 音征行也

延 丑連切安步也

尨 犬也古尨襍本作此

厖 敦厖大也駿厖厚也又假借為尨襍字

庬 鴻庬又敦庬庬雜案古只厖字今分

泒 音孤水名

派 水之流別也本作𠂢

㳅 與泒同為古流字

三字相似

皋以

王錫蕃書

取 取與　耴 音結耳垂也　耴 牛乙切吳都賦魚鳥聲耴謂衆聲也

盼 攀去聲目之黑白分也　盻 音係盻盻恨視皃　眄 音麪目偏合也又流眄轉眼皃

苶 音涅苶然疲皃　荼 苦菜　茶 荼茗又茶陵州名古只作荼

翊 音弋飛皃又通翼輔翊也　翋 音拉翋𦒉飛也

翌 音弋明日也又明也書翌日翌室今文作翼案古只翊字今別為三

况 發語辭　况 寒冰

況 寒水也引伸為比況矧況形況古皆此字今分用究可概書作況

楙 木盛也與茂同又木瓜　檄 音髦冬桃　楘 音木車歷錄束文也見詩秦風

歐 吐也姓也　毆 擊也　敺 古文驅字

篡 逆取也从厶非　篹也 籩屬以竹為之又述　纂 纂組又繼也通纘

敧 持去也又不正也玉篇敧今作不正之攲案攲本从支則敧斜之敧亦當从支字典說文俱入支部

攲 音羈以箸取物又音綺攲敧不齊皃　欹 歎辭本作猗

婺 音務婺女星名婺州地名　嫠 音離寡婦　婺 音木美也

斡 烏括切瓢柄也執其柄則旋轉故謂之斡旋考工記旋蟲謂之斡本此字今文作斡

榦 築牆耑木也兩頭曰楨兩旁曰榦凡枝榦才榦本皆此字今分作幹　幹 枝幹才幹

漫 大水也又徧也平去二音　慢 惰也又緩也　謾 欺也

三字相似

王錫蕃書

塵 塵埃

麈 音主麋屬其尾辟塵故談者揮之曰麈尾

⿸鹿圭 音圭鹿屬

畀 音祕从丌亦作畁與也淠痹鼻字从之

畁 音忌从廾舉也亦作畀

卑 尊卑作畀非俾捭脾碑裨髀牌等字从之

朓 月行疾

脁 祭肉

眺 眺望

頞 音遏鼻莖也見孟子

頟 同額又虐慢皃書罔晝夜頟頟

額 五陌切髮下眉上也

四字相似

冋 古坰字駉炯迥絅等字从之

冏 音扃光也見木華海賦

囧 俱永切書伯囧今承作冏

㕯 同吶訥也矞商裔喬等字从之今文變作冏與商溷

戊 干名戊之言茂也

戉 大斧也今作鉞越字从之

戌 支名戌之言恤也

戍 戍守从人持戈幾蔑从之

氿 音軌氿泉又作[氵軌] 汍 音丸汍瀾泣皃 [氵几] 音几水涯 汎 音泛浮也

艽 音求荒遠也艽野見詩 芄 音丸芄蘭 芁 音交秦艽藥名本作[艹丩] 芃 音蓬草盛皃

睽 目不順也又乖異之名睽卦義如此同[亻癸] 聧 聾聧與聵同義 [月癸] 音揆臞[月癸]醜也

暌 暌違案睽本有乖違之訓則暌違亦當从目玉篇始有暌字正韻箋遂分為二義

潁 水名 熲 火光也古耿字 [木頁] 木名 穎 禾末又錐穎引伸為聰穎

櫱 萌櫱凡从辥之字承作辥 孼 庶孼 糱 麴糱米芽也 蘗 同檗藥名

卻 却本字腳字从之 郤 音隙與郄通 郄 姓也又地名 郗 音絺亦姓也

陵 陵谷陵競 棱 棱角俗作稜非 祾 神之威祾亦作威棱 淩 淩馳也歷也又水名

四字相似 辛人 十八 陸榮昉書

几 人字在下之文虎禿宂允見兒兜微等字从之　兀 突兀堯髡虺軏字从之

几 無鉤音殊短羽飛聲殳朵鳧字从之　几 有鉤音紀凭机凱飢凰凳字从之

抃 音便抃舞　拌 音潘拌捨杜詩借用判　拚 音僨埽除也作坌　拚 音番飛也詩拚飛維鳥

五字相似

𢎘 呼感切義與含相近氾犯字从之　㔾 卩字變形危卷巷等字从之　已 止也口微缺祀字从之訓祭無已也

案辰巳之巳與已止之已同形而異用後人恐其相溷乃於已止字微缺其口以別之俗謂與人已之已共一字者非也

己 我也又干名己之言起也　巳 非　巳 支名巳之言已也言萬物生已定也俗作巳

芊 音千草盛也　芉 音干草名　𦍌 篆文羊字象形　芋 菜名又音吁大也　芈 音弭羊鳴也又楚姓

卣 古文西字 卣 籀文西字卣字从之 卣 音酉酒器中尊也 卣 音尺姓也 卣 音調草木實垂皃

辡 辡別古本作辧从刀 辦 致力也古只用辧字 辯 口辯古本作辧 辮 交織也又辮髮 瓣 花瓣

八字相似

裒 古抱字與袍異 褏 袖本字 褎 褏本字 衺 奇衺同邪又同斜

裦 音捊聚也 袠 書套又十年為一袠亦作帙袟 袤 音茂廣袤 褎 同袖一音又盛也

遨 音敖張也 遫 古速字 簌 音速簌簌風聲又菜也 簇 音速簇簇茂密皃

瘷 瘶之俗 瘶 欬瘷同嗽 漱 蘇奏切盪口也 簌 音策擊也

偏旁相似

冫氵之別 上冰之偏旁 下水之偏旁

冷 寒冷　冼 音審寒皃　凊 温凊

泠 音零水名又清泠又泠人左傳借作伶　洗 洒足也　清 清濁

冽 水寒也詩冽彼下泉有冽氿泉皆此字　凌 冰凌　凈 音琤冷皃

洌 水清也易井洌寒泉食　淩 水名又歷也　淨 潔也

凇 凍落之皃平聲凍凇冰也去聲　凍 冰壯曰凍　凙 風寒也

淞 水名　涷 音東水名又暴雨見楚辭　澤 澤沸出泉皃

凔 寒也 凘 流氷也 洛 水皃

滄 二字說文皆訓寒惟滄浪獨用此字 澌 盡也 洛 水名

凅 音固凝也 浹 音協 渫 浹渫凍也 凄 寒也

涸 竭也 浹 浹洽浹辰 渫 治井 淒 雲皃

凉 寒也 冸 冰解 凙 徒洛切

涼 涼薄涼州 泮 泮宮 澤 川澤

凡訓寒之字皆从冫惟馮字从冫得音不在冫部涼本訓薄引伸之爲寒故亦不从冫作凉者俗字也外如沖作冲泮作冸皆俗體省文雖字典兩存究以从水爲是

刀力之別

券 契券　㔉 刑也又作剄　剿 絕也

劵 古倦字　勁 健也　勦 勞也勦民見左傳昭九年

卩卪之別

上古節字本作卩下在右同邑在左同阜

卬 望也即古仰字又音昂我也昂字从之俗作卭非　卯 古弼字　叩 擊也

邛 邛城臨邛俱地名　邶 國名　叩

卲 高也年高德卲　鄂 口中上鄂　厀 膝本字　卻 退也俗作却

邵 晉邑名見左傳　鄂 國名又詩鄂不韡韡　厀 齊地　郤 邑名姓也郄同

卹卸字並从卩　凡卩旁無在左者

凡地名之字並从阝

丩斗之别　丩音鳩相糾繚也

糾 音九糾合糾責　觓 角也詩有捄其角捄同觓　虯 音求龍無角者

紏 音斗絲黄色　斛 十斗也　蚪 蝌蚪

人入之别

仚 音軒輕舉皃　仝 同同　从 古從字

仚 同仙人入山為仙　仝 古全字　入入 古兩字

厂广之别 上音岸山厓下可居者 下疑檢切因厂為屋也

厊 厏厊音鮓雅不相合也 厙 音舍奚姓 厦 旁尸

庌 廡也 庫 府庫 廈 大屋上聲

仄 平仄 厝 同措 雁 同鴈 𠩺 雁之俗

庂 赤庂漢錢 庴 音即縣名 𤸰 同鷹應膺字从之 𢈲 音堆頹也

厎 音指柔石也詩周道如砥孟子作厎又致也至也平也又止也此解與底字同見爾雅釋詁書西旅厎貢厥獒震澤厎定皆作厎

底 音邸山居也又湫底又底止

巳已之别

丩斗人入 厂广巳已之别

痒以

三

臧濟臣書

屺 古𡆤字或云从巳

汜 音汎汜濫汜埽又水名在定陶漢高祖即位處又音凡鄭南地

屺 山無草木也詩陟屺

汜 音似既決復入之水也詩江有汜又水名在成皋

己巳之别

圮 音否毁也書圮族

改 更改

圯 音頤楚人謂橋為圯見史記張良傳唐李太白詩我來圯橋上字義重複殆誤

攺 毅攺大剛卯也音該以

广疒之别

疒 女戹切疾也

庛 音刺耒下歧木見考工記

庤 具也詩庤乃錢鎛

庾 倉庾

廋 匿也

疵 病也

痔 隱瘡

瘐 病囚

瘦 肥瘦

才木之別 上手之偏旁

抒 挹也上聲　掾 緣也掾吏去聲　摧 敲擊也又揚摧　搨 椎搨

杼 機杼　椽 音傳屋椽　榷 杠也又榷稅　榻 牀榻

摴 摴蒲戲也　撾 擊也　撫 撫循　撙 撙節

樗 樗櫟　檛 策馬檛　橅 同模　樽 酒樽本作尊

撿 音斂拱手　抔 音裒掬也　㨾 音恙法也式㨾作樣非

檢 書署也又檢校唐碑亦作撿　杯 酒杯　樣 音象栩實也

木禾之別

卩阝广疒之別

辛人

刀

李錫彬書

榖 惡木詩其下維榖　槁 木枯也本作槀與藁街之藁異又古搞字

穀 百穀　稿 禾桿也本作稾今借為艸稿字

卂凡之別 下音信疾飛也

汎 音義並同氾汎愛又浮皃詩汎彼柏舟又水名　訉 音梵多言也

汛 音信灑也汛埽即灑埽與禮氾埽之氾訓廣者別又潮汛也　訊 問訊

夫失之別

秩 音膚稲名　趺 音膚同跗又趺坐

秩 序也　跌 蹉跌

未末之別

沬 右古靧字又衞邑又小星　昧 㚖味　眛 明眛

沫 也見易左水名又涎沫　味 通沬　眛 日中不明又星名通昧

妹 女弟也白虎通云妹者末也則亦可以从末

妺 音末桀妻妺喜路史注謂以妹目之案此二字古本通

亘亙之別 上音宣又同桓下梗去聲綿亙又亙古說文作極古文作亙

縆 緩也

絚 大索又急也本作緪　恆字並從亙

凡朳夫趺未末亘亙之別

庠以

五

李錫彬書

谷谷之別 上泉出通川爲谷 下其虐切同大雅嘉殽脾臄之臄郤綌字从之

谿 山谷俗作谿非

谿 勃谿爭戾也

日目之別

旰 音旱晚也宵旰　旴 音訏日初出又大也　暝 晦暝　昄 大也見詩

盰 音敢目白皃　盱 盱衡舉目大視也　瞑 瞑眩翕目也　眅 多白眼鄭游眅人名

曉 明也又知也　晥 音緩日光也　暏 旦明也　昧 昧爽

䁱 音歐深目皃　睆 大目也　睹 見也　眛 音末目不明也

𦣝臣之别 上象屈服之形 下古文頤字

姫 音軫慎也　宧 仕也　頤 音哂舉目視人

姬 黃帝母居姬水因以為姓　宧 音怡養也又室東北隅　頤 養也

東柬之别 上日在木中 下擇也俗用為柬帖字

棟 棟宇　揀 音董擊也　涷 音東暴雨又水名

楝 音練木名　揀 揀擇本作柬　湅 治米曰瀾治絲曰湅今為簡練字

諌 音董多言　鍊 音東鍊鏥車軸頭鐵又大犂也或謂即鍊之譌

諫 諫諍　鍊 治金也

⿰至谷⿰臸谷⿰柬日⿰柬目之别

辛人

李錫彬書

臽舀之別　上同陷小阱从側人从臼象人在臼上　下遥上聲上从爪凡挹彼注兹謂之舀

惂　憂困也上聲　掐　音恰爪刺　淊　音頷泥水又繅絲湯　諂　諛也又作讇

慆　音滔悦樂也　搯　音滔掏也　滔　滔滔大水皃　謟　音叨疑也見左傳

餡　音陷麪食等物坎其中實以雜味曰餡或作鎌　陷萏欿窞閻餤等並从臽

饀　同饕又音陶餌也　稻縚蹈韜等字並从舀

𡈼䍃之別　上音淫近求也下从壬　下以周切瓦器也

婬　婬逸今用淫字　淫霪並从𡈼

媱　曲肩行皃又美好　遥搖窯繇謠鷂等字並从䍃

易昜之別 上音亦下古陽

惕 敬也乾惕 掦 同剔 埸 音亦疆埸 睗 音釋

愓 音商禮行容愓愓 揚 抑揚 場 音長壇場又 暘 暘谷

敡 音異輕簡也 踢 音鑠遽皃 錫 銀鉛之間也 剔裼賜等字从易

傷煬腸暢殤盪颺

敭 古揚字敭歷 踼 音唐跌也 鍚 音陽馬頭飾 湯觴等字从昜

餳 餳俗字

餳 餳从昜得聲音陽亦音唐又辭盈切皆从昜謹案韻府七陽餹或作餳入唐餳並不从易毋誤

月月之別 下肉字

朏 月未盛之明也 朓 晦而月見西方 朘 將兼切日朘月削 腨 月不明也上聲

朏 音窟臀也 朓 祭名 朘 同峻 腨 腳腨國名見吳都賦

月目之別

肓 音荒膏肓 臉 面也 脈 血脈本作衇 腎 水藏

盲 音芒目無牟子 瞼 目上下也俗呼眼皮 眽 眽眽目相視同覛 瞖 音限大目也

目耳之別

眊 目少睛也見孟子 眈 眈眈虎視皃 瞶 目無睛也

毦 音餌羽毛飾也 耽 耳大垂又耽樂作躭非 聵 生而聾也見晉語

亻彳之別 上人旁下音勑

偏 不正　倘 俗儻字　俳 俳優　偟 暇也

徧 周徧作遍非　徜 音常徜徉亦非常羊　徘 徘徊古作裴回　徨 徬徨

儌 儌幸　假 真假　佯 詐也

徼 邊徼　徦 易王徦有廟訓至義不必作假音格　徉 徜徉

示衣之別 上神事也又同神祇之祇偏旁作礻下作衤

礿 夏祭一作禴　祏 宗廟主也　祛 逐也　⿰礻麗 音麗

⿰衤勺 音灼單衣　袥 音託開衣也　袪 衣袂古只祛字今分　䙰 音簛襹䙰白羽衣

禬 除災祭
祖 祖考
祼 灌祭
禂 音禱爲馬求肥健也

襘 領會
袓 袓屬縣名
裸 赤體無衣
裯 被襌

福 福祿
祴 同陔祴夏樂章
祫 合祭也
禔 音支安也

褔 副本字
裓 音革僧衣
袷 夾衣又襘袷交領也
褆 音是衣美音提衣厚

祓 祓禊除惡祭名
禘 郊禘
䄂 俗榴字
禊 祓禊

袚 蠻夷衣又蔽厀
褅 同禘緑也
袖 袂也
褉 音擷褉襦

禠 音斯福也
禪 音善禪讓音蟬禪機
禕 音惟美也侯其禕而見東京賦

褫 音豸奪衣也又音斯
襌 音單單衣
褘 音韋蔽膝又音暉后祭服

罔罔之别 上罔陵作崗非下無也

綱 綱常　剛鋼从罔

網 網罟　輞惘从罔

尃専之别 上同敷

溥 大也溥博　傅 相也又姓　鎛 音剸田器

漙 露漙　傳 傳遽驛也又傳授　鏄 音團鐵塊

縛 束也　蒪 音粕蒪苴大蘘荷名　搏 搏擊

縳 音絹紡也　蓴 通蒓蒲叢也　摶 以手摶物

罔罔尃専春舂孚將之别

痒以乙 陳同禮書

春舂之別 上時令下擣米

踳 音蠢踳駮相乖舛 椿 木名古作杶

踳 音春蹋也 蹋正踏字 樁 音莊橛杙

惷 音蠢亂也左傳今王室實惷惷焉今作蠢俗誤作愚字解非

惷 丑江切愚也周禮三赦曰惷愚又見哀公問表記

寽將之別 上音劣从爫即爪字 下从夕即肉字

鋝 音劣二十四兩為鋝

鏘 鏗鏘

夬央之別

決 行流也決斷 快 喜也又速也玦袂觖訣鴂等字从夬

泱 水深廣又泱漭去聲 怏 怏怏懟也眏殃盎秧鞅等字从央

艸竹之別

苐 同第又不苐複姓 苻 草名萑苻音蒲又姓 范 草也又蜩范蠭也 萐 萐莆瑞草也

第 次第又但也 符 符節 笵 同範 箑 扇也

苴 履中草又補苴音鮓 茦 木芒曰朿草芒曰茦 荅 小豆也搭塔字从之 莞 音桓莞簟音浣莞爾

笡 且去聲斜逆也 策 簡策 答 問答古本假借荅字今分 筦 筦籥

夬央艸竹之別 卒人 卜 陳秉和錄

荁 音恒蕫也
萁 豆莖
葦 草名又古芛字
薾 音儞華盛皃

笪 音撻笞也音旦姓也
箕 箕帚
筆 筆墨
籋 音鑷箝也即今之鑷子

菅 音姦茅也
萎 音接水草
菌 地蕈
苖 徒歷切蓨也

管 樂器又管籥同筦又姓
箑 同箑
箇 箇輅
笛 樂器

蓬 蒿也
薕 蒹也
𦺋 音夷草萎移
莛 音廷莖也以莛撞鐘

篷 編竹夾箬曰篷
簾 簾箔
簃 閣邊小屋
筳 維絲筦

莜 芸田器今文作蓧
萹 音邊草名
蔟 音促行蠶蓐音湊太蔟
蔌 音速菜也蔌蔌風聲

筱 小竹今文作篠
篇 篇章
簇 小竹又叢簇
簌 簌簌茂密皃

蕢 草器論語荷蕢　藉 田承藉狼藉又藉　藩 屏藩　蘺 江蘺香草

簣 土籠書功虧一簣　籍 書籍　籓 大箕又蔽也　籬 藩籬

蘿 薜蘿　蕈 尋上聲地菌　蕑 音閒澤蘭詩秉蕑　蘢 草名又蔥蘢

籮 竹器　簟 竹席　簡 簡牒　籠 竹器

藤 藤蘿　蘀 葉槁詩十月隕蘀　蘥 雀麥

籐 竹器　籜 竹皮　籥 編竹習書之器又關籥同鑰又管籥本作龠今通用籥字

蘧 草名又蘧蘧有形皃　蔑 勞目無精引伸之為無也

籧 籧篨粗竹席也　篾 竹皮書篾席本作莫通蔑今書作篾

小水斤斥之別

痒乂　十二　陳秉和錄

小氺之别 上心字下水字

忝 辱也添字从之　恭慕从⺗

㳙 古添字今不用　泰桼从氺暴字本从米今省从氺

斤斥之别 上斫木斧又十六兩也下本作⿰(㡿 variant)卻屋也又廣也逐也

析 分析　訢 古欣字　沂 水名

柝 判也今專用作擊柝字　訴 告也一作愬　泝 同溯遡

圻 音祈界也說文同垠　拆 斷也

坼 裂也本作⿰土㡿　拆 同坼

夆夅之别 上古降字六畫下音逢與夆亭之夆从夅者異

逢 音龐姓也又鬭龍逢 絳 大赤色 韸 音逢鼓聲

逢 逢迎 絳 省縫字 韼 音蓬亦鼓聲

朿束之别 上木芒今作刺下縛也

速 籀文迹字 刺 直傷引伸為美刺刺客刺史投刺又刺刺多言音磧

速 疾也 剌 音辣戾也乖剌剌謬又撥剌張弓聲潑剌魚躍聲

㤂 省憡字音策小痛也 敇 音策擊馬也 洓 音棘小雨又音磧北地水名

悚 音竦懼也本作愯 敕 誡也 涑 音鎪澣也通漱又音速河東水名

夆夅 朿束 次次 㳄欠 之别

誎 音刺數諫也　楝策棗棘从朿

誎 音速促也　漱嫩賴整从束

次次之別 上从二不从冫下同涎

羡 音夷地名　恣姿資从次

羨 歆羨　盜从次

癶夂之別 上撥本字下从又从月又手也手持肉以獻神而爲祭也

登 升也與豆登之登別　癸發从癶

𤼷 豆也與登字別　祭蔡察从夂

執埶之別

褺 重衣也同襲　蓻 音即說文云草木不生玉篇云草木生皃案此如亂之為治汙之為澣義相反而實相成

褻 私服　蓺 樹埶古作埶今亦作藝俗作蓻非

摯 音至握持也又至也通贄鷙又姓音質　墊贄等字並从執

摰 音孽危也隉臲並同　熱暬字並从埶

市巿之別

柿 音費木札也　肺 肺腑　沛 沛然見孟子

柹 音士果名作柿非　胏 側駜切乾肉也　泲 水名

執埶市巿之別　卑人　十三　余誠格書

今令之别

苓 黄苓野苓　聆 音琴聆遂地名

苓 榛苓采苓　聆 聞也

氏氐之别

胝 音癡膍胝鳥藏也　眡 承旨切視也　扺 音紙側擊也扺掌又扺壁於谷

胝 音低胼胝　眡 古文視字見周禮　抵 音抵擠也觸也又抵罪又大抵

紙 楮也　秖 音支但也適也通祇　泜 音池齊也　蚔 音其蛙也孟子蚔鼃

紙 音低絲滓　秪 音支禾始熟也　泜 音帝水名　蚳 音池蟻子周禮蚳醢

軝 音奇詩約軝錯衡　坻 止也左傳昭二十九年物乃坻伏今文皆从氏正字通謂坻坻為一字恐非

軧 音邸大車後也　坻 小渚也水中坻見詩又隴坻

祇 神祇又通祇適也

祗 音脂敬也

宀穴之別 上音棉

寤 寤寐　寠 無禮居也　寵 尊寵　寘 同置

窹 竈名　窶 貧也亦通寠　竉 力孔切穴也　窴 音田同填闐又音展

雋巂之別 上音冉鳥肥也又雋永見蒯通傳又通儁英雋下音攜巂周燕也又音規子巂即子規

今令氏氐宀穴雋巂之別　庠人　十四　余誠格書

檇 音追以木有所擣也又音醉檇李地名韻會云或作雋　鐫 音尖破木器也鐫刻

欈 音奚欈欈木名其實可食　鑴 音奚鑊也又日旁氣見周禮或音眭

士土之別

壿 舞皃同蹲　壬吉壯壻款壹壺等字从士

墫 同樽　在垂堯等字从土

干于之別

盂 盤也　旰 音旱宵旰日晚皃　盰 目多白　邗 邗溝水名

盂 飲器　旴 音訏日始出　盱 盱衡　邘 衛邑

段叚之别 上體段 下音賈借也

瑖 音段石似玉　煅 同鍛　碫 音段鍛物之石也　鍛 鍛鍊

瑕 音遐赤玉又玉有疵也　煆 火器　碬 音遐礪石　鍜 音遐錏鍜頸鎧

九丸之别

氿 氿泉　⿰糸九 同絿

汍 汍瀾　紈 紈綺

免兔之别 上从兔而脱其足 下月精獸冤逸等字从之

冕 冕旒

士土干于段叚 九丸免兔 之别　卒乂　十五　余誠格書

冕音鴛冤也

凡卂之別

訙音范多言也　汎音丰又同泛

訊問訊　汛音信洒也又潮汛

更便之別

梗草木刺人也　鯁魚骨也又骨鯁通骾　綆汲井繩

楩音駢大木也　鞭音鞭魚名或作鯿　緶音編交枲也又縫也

馬鳥之別

騖 亂馳也　騫 音愆馬腹病又虧也

鶩 音木家鴨鳧為野鴨　鶱 音軒鳥飛皃俗誤用騫字非是

商啇之别 上商度又商賈下音的本也凡从啇之偏旁如摘敵適等字古皆作啻疑啇即啻之譌

謪 同商見荀子儒效篇　滳 音襄水名

謫 罰也　滴 水注也

耴取之别 上音結耳垂也

㧖 拈也　鮿 音輒魚脯也見前漢貨殖傳輒鮿並从耴

掫 干掫行夜也　鯫 音陬小魚又鯫生小人皃

凡几更便馬鳥商啇耴取之别

辛亥　十六

余誠格書

皃兒之别 上貌本字 下孺子也

貌 容貌

䡚 音貌引車

貎 同狻猊本作麑

輗 音倪輗端横木

冡 蒙本字濛幪矇等字从之

豕豖之别 上彘也冡蒙字从之下音畜豖絆足行豕豖也涿啄琢椓等字从之

冢 冢宰冢墓

夾夾之别 上持也 下音閃盜竊懷物也

陜 陜隘

陝 分陝又陝州地名

豐豐之別 上音禮行禮之器也 下豆之豐滿也

澧 水名

由豐得音者从之

灃 灃水

酆豔並从豐

采采之別 上辨本字象獸指爪分番悉釋等字从之 下捋取也又文采今作採彩

宷 古審字

寀 僚寀

兒皃豕豖夾夹豊豐釆采之別

增訂校正沿誤

歸併作並非　比並作併非

剌謬作刺非　投刺作剌非

上游作遊非　遊擊作游非

書札作劄非　駐劄作札非

校閱作較非　比較作校非

事蹟作跡非　形迹作蹟非

撫恤作卹非　賜卹作恤非

驛騷作繹非　絡繹作驛非

包抄作鈔非　鈔錄作抄非

撤回作徹非　徹底作撤非

迴避作回非　回奏作迴非

控據作踞非　占踞作據非

瓜綿作棉非　木棉作緜非

巨案作鉅非　鉅款作巨非

必須作需非　軍需作須非

附摘誤

厄 五果切科厄木節金厄見詩 俗用作阨窮之阨囍尼之尼

𡰪 古夷字俗用作尼

圣 音窟致力於地也俗用作聖

仔 任也詩佛時仔肩俗與崽字同 為子稱

机 居履切木名俗用作機

虫 古虺字俗用作蟲

奸 犯也僞也音干俗用作姦

庄 音彭平也俗用作莊

吃 口吃語難也俗用作喫

灯 音丁烈火也俗用作燈　案燈 本作鐙

托 同拓又不托餅名俗用作託 按托與飥通

听 古哂字見上林賦俗用作聽

体 同笨劣也俗用作體

找 同划進船也俗音爪又誤寫作 找謂補不足也

附 [illegible] 一 延燮書

犹 音宥獸名俗用作猶

扮 音憤握也動也俗以裝飾為打扮　打音丁上聲

灵 小熱皃俗用作靈

旺 光美也俗用作衰王之王

籹 音女粔籹米食也俗用作妝

担 音亶擊也俗用作擔

芦 音户同苄地黄也俗用作蘆

泐 石理紋解散也俗以寫為泐應作勒

抎 同隕失也俗用作擅

侄 音質堅也俗用作姪

念 俗用作廿廿音入代二十字

抬 同笞擊也俗用作擡

呩 同嗜俗用作示

胆 音但肉肥皃俗用作膽

肰 犬肉也俗用作然

耑 古文端字俗用作專

觔 同筋一作筋俗用作斤兩之斤

哄 音閧唱聲俗用作哄騙

厘 同釐俗用作氂

拚 同翻詩拚飛維鳥俗用作拌 按拚本从去廾

訍 音詫異言也俗用作議

垸 音完髹也又量名俗用作堤垸 按院字亦不从土

烛 同蘊隆蟲蟲之蟲旱灼也俗用作燭

隺 同確俗用作鶴

這 音彥迎也俗用作者箇之者

蚕 音腆蚓也俗用作蠶

啚 同鄙俗用作圖

匙 匕也俗用作鍉

現 音見玉光也俗用作見在之見

唸 音殿呻吟也俗以誦為唸

痒 同瘍又同癢俗專用作瘍

貼 以物相質也俗用作妥帖之帖

句吳 二 延燮書

盔 鉢也俗以首鎧為盔

喂 音威恐也俗用作餧餧音委

椅 音伊木名俗用作卓椅

褁 音執囊也俗用作裹

耡 音助稅也俗用作鋤

鉄 古紩字音秩縫也俗用作鐵

裊 本褭字之譌俗用作嫋

磁 石名可引鍼又磁州地名俗用作瓷

証 諫也俗用作證

棍 音袞木名俗以棒為棍

剩 長也俗用作賸

趍 音池久也俗用作趨

痴 病也不廉也俗用作癡

嗔 音田聲也俗用作瞋

綉 音透吳人謂綿一片為綉俗用作繡

墊 音店書下民昏墊俗用作鋪墊

靠 音犒相違也俗謂依附曰靠 **騫** 馬腹縶又虧也俗用作鶱飛也从鳥且二字不同韻

饑 穀不熟也俗與飢字溷用古書亦有通用但須知本義耳 **鐲** 音濁鉦也又温器俗以手釧為鐲釧音勸

碼 碼瑙石似玉俗以稱物取平之具為法碼以計數之籌為籌碼禮投壺一馬從二馬馬即算籌也俗用皆譌作碼

小底 遼金小臣之稱今作小的 **呆坆** 並古梅字俗用作獃字墳字

吩咐 音噴符噓氣也俗用作分付 **呫嗶** 呫音帖嘗也嗶同𠯈香也俗用作佔畢字

卓凳 卓俗作棹棹同櫂進船具 **骨董** 貨古玩者為骨董俗作古董

堂廉 堂之側邊曰廉漢賈誼傳廉遠地則堂高作簾非 **排根** 根音痕漢書引繩排根不附己者猶排擠也俗誤根

搢紳 搢插也猶搢笏之義漢郊祀志作縉沿誤 **壺盧** 壺俗作葫葫土瓜又蒜也

踐阼 阼東階主人所升天子主祭升阼階誤作祚祚福也
綢緞 綢繆見詩緞音段履跟也俗用作紬段
疆場 場音亦俗誤用場字
錁錠 錁同銙帶具錠鐙也俗呼金銀錠為錁錠
橋梓 說苑橋木高而仰喻父梓木低而俯喻子作喬非
闌干 俗加木旁作欄杆誤杆檀木又木梃也
舉桉 孟光舉桉齊眉桉古椀字俗作案非
謝朓 南宋詩人趙宋時避僖宋諱改作朓今沿用者非
戲豫 詩無敢戲豫作渝非
鎗銃 鎗音鏘三足釜銃釜穿也俗皆用作軍中火器
嚶鳴 詩鳥鳴嚶嚶俗以移徙為遷喬每借用鶯遷非
轍環 環俗誤作轘
操切 漢書勇猛能操切百姓者操持也切刻也作躁非
綸巾 綸音鰥入刪韻羽扇綸巾孔明軍中用之讀如字者非
屛營 吳語屛營徬徨于山林之中屛營激切也屛如字
紬繹 紬音抽謂引其端緒也俗永傳燕見紬繹俗讀袖音者誤

乾沒 漢書注得利曰乾失利曰沒俗以乾沒為贓入己之稱 **堪輿** 說文堪天道也輿地道也俗混稱堪輿為地理

饕餮 說文貪財曰饕貪食曰餮俗混稱饕餮為口饞 **奚奴** 禮記疏有才能曰奚無才能曰奴俗混稱家人曰奚奴

龜茲 音鳩慈西域國名又音邱慈漢縣名讀如字非 **婚姻** 爾雅壻妻父曰婚壻父曰姻俗混稱婚姻為親串

災沴 沴音戾漢五行志氣相傷謂之沴沴作疹非 **悃愊** 愊音偪後漢章帝詔悃愊無華言誠樸也愊讀福音非

暴露 暴音僕顯露也經史多有之暴讀如字非 **快然** 快然自大之意出王羲之蘭亭序古本皆然今誤作快

愧恧 恧音忸慙也小爾雅愧心為恧恧讀赧非 **昌歜** 歜音坎歜字之譌左傳饗有昌歜注菖蒲俎也歜讀燭非

囅然 囅音軫大笑皃莊子達生篇桓公囅然而笑囅讀展非 **欃槍** 槍音撐爾雅釋天彗星為欃槍槍作鏘音讀者非

酗酒 酗音煦廣韻醉怒也書我用沈酗于酒酗讀洶非 **土著** 著音酌漢書其俗土著謂常居不遷徙也著讀如字非

商吳 曰

艾慶瀾書

重穋 與種稑同先種後熟曰種後種先熟曰稑重讀作崇非　冰檗 檗音伯說文黃木味苦冰檗寒苦也檗誤作蘗非

睚眦 音愛蔡恨視皃范睢傳睚眦之怒必報俗誤讀涯疵　滑稽 滑音骨楚辭將突梯滑稽滑稽詼諧也滑讀如字非

綿蕝 蕝音撮又通蕞漢人叔孫通草創習禮處也蕝作絕非　竣事 竣音逡說文畢事也周語有司已事而竣竣讀俊非

老媼 媼音襖說文解字媼女老之稱又音醞女字也　靚妝 靚音淨妝飾明嫿也上林賦靚妝刻飾靚讀欠非

覆瓿 瓿音剖又音蒲揚雄傳吾恐後人用覆醬瓿瓿讀缶非　鼎鐺 鐺音撐宋史太祖紀鼎鐺猶有耳鐺釜屬鐺讀當非

駔儈 駔藏上聲壯馬也牙儈狡捷者曰駔駔讀疽非　泛駕 泛音捧覆也漢武帝紀泛駕之馬本作覂後通作泛

颶風 六書故颶音貝海之災風也俗書多作颶字非　嫪毐 音勞藹士無行也呂不韋傳求太陰嫪毒為舍人誤廖毒

狻猊 狻音酸爾雅注狻即獅子也出西域狻讀俊非　鰒魚 鰒音雹海魚無鱗有殼即石決明也鰒作復非

劻勷 音匡祥玉篇劻勷遽迫也誤作匡襄非　**曲逆** 曲音遇史記陳平傳封平為曲逆侯曲讀本音非

須句 句音衢國名左傳任宿須句顓臾風姓也句讀鉤非　**盧維** 音雷雖周禮職方氏兖州其浸盧維讀本音非

鄜州 鄜音孚正韻左馮翊縣隋置鄜州鄜讀鹿非　**閿鄉** 閿古閒字陜州縣名讀閿為受非

苦窳 窳音庾惡也史記五帝紀器不苦窳窳讀蜾非　**糧餉** 餉音向餽也今俗謂軍糧曰餉誤作亨非

不惜 草履名不借齊民要術作不惜謂履泥溼不惜也　**格澤** 音鶴鐸天官書格澤星名狀如炎火讀本音非

單于 單音蟬前漢匈奴傳其長名單于取廣大之意單讀善非　**可汗** 音克寒酋長之稱讀本音非

冒頓 音墨毒前漢匈奴傳單于太子曰冒頓讀本音非　**谷蠡** 音鹿離史記匈奴傳置左右谷蠡讀本音非

月恆 詩如月之恆注恆古鄧反音亙月上弦就盈也讀本音非　**口給** 給音劫論語禦人以口給何晏注佞人口辭捷給讀急非

商吳　五　艾慶瀾書

黃熊 左傳昔堯殛鯀于羽山其神化為黃熊以入于羽淵或謂熊音來三足鱉也故能入水然既云為神所化何不可入水之有故仍讀如字

揚推 漢書敘傳揚推古今莊子可不謂有大揚推乎注揚推發揮商量也又北史崔孝芬傳商推古今俗誤推為確確止訓堅

三去 去音除左傳千乘三去三去之餘獲其雄狐三去即算書三除之法言千數除去九百九十九止剩其一此必獲晉侯之兆去注音區非

雋永 雋前上聲漢蒯通傳通論戰國時說士權變亦自序其說凡八十一首號曰雋永注雋肥肉也言所論甘美深長也雋讀俊非

侯鯖 鯖音征煮魚煎肉曰鯖西京雜記婁護遊五侯之門每旦五侯餽餉之婁合五侯之餽以為鯖世稱五侯鯖鯖讀精非

六宗 舜典禋于六宗謂祀祖考之三昭三穆也若但類于上帝不禋于祖禰而行是去時不告歸何以格以此推之較然可知矣舊註誤

朱提 音殊時縣名前漢食貨志朱提銀重八兩為一流注朱提縣屬犍郡為出善銀故名白金曰朱提作本音非

金日磾 漢人日音覓磾音低作暺非暺音憚

酈食其 漢人音歷異基讀本音非

胡母班 漢人胡母複姓母作毋非 吐谷渾 北魏人音突浴魂作本音非

樊於期 燕人於音烏作本音非 綦母潛 唐詩人綦母複姓母作毋非

巢剌王 唐高祖子元吉號巢王謚曰剌謚法暴戾無親曰剌剌音辣从朿不从朿俗作刺非

弋人何篡 揚子鴻飛冥冥弋人何篡焉篡逆取也唐人誤作慕

比物此志 賈誼治安策故曰聖王有金城焉比物此志也言比方其物乃此志也比作此非

每下愈況 莊子獲之問於監市履豨也每下愈況況譬喻也言每下降而益以卑賤為比也俗誤作每況愈下

恃源而往 莊子請只風與日相與守河而河以為未始有攖也恃源而往者也恃作持非

右有是字而誤用者

商吳 六 王濂書

甪里漢四皓之一甪音祿俗作角　狉榛本柳文狉言鹿豕榛言草木俗作獉

奕禩禩同祀俗作禩誤讀冀　帳目俗作賬

病證俗作証　幅員詩幅隕既長隕同員周也因隕字義乖承用作員

模糊俗作糢　案糊本作黏　搕掽兩物相擊也俗作磕碰磕石相擊聲碰字無

幫補俗作帮　團圞俗作圝無此字又作欒欒木名竹皃不訓團圞義

懸閣俗作擱　爛漫俗作熳

蟹斷唐陸龜蒙蟹志漁者緯蕭承其流而障之曰蟹簖斷其江之道焉詞賦家多沿用簖按字書皆無此字當作斷

右無是字而誤用者

俗書如衘作啣蹤作踪曬作晒罨作罨之類皆
字書所無已見正譌不復備載又禮作礼叔作
尗畫作画處作処萬作万雅作疋與作与爾作
尒號作号世作丗齋作斋等雖係古文正字與
省俗字有別然不可用於應試詩文即古帖中
巽作巺所作𠩄或作或歸作歸等亦不可從更
有省俗已甚者如學作斈對作对國作国譏作
讥歸作归廬作庐盡作尽當作当諸體不能備

筍吴 二 王濂書

舉要皆鈔胥惡習即草稿中亦不宜用其有彼此通用如拳石作卷石星拱作星共齋戒作齊戒市價作市賈以及諸經中途作涂拜作𢷎無作无遜作孫之類雖與本體同義然須就原文引用方為妥協若展轉相通而拳勇作卷勇端拱作端共書齋作書齊聲價作聲賈非引用經語而概以涂代途𢷎代拜无代無孫代遜不惟反相刺謬亦恐駭人聽聞又如嵩崧通用而嵩

呼不得作崧脩修通用而朿脩不得作修辭詞通用而辭賦可作詞辭受不得作詞巨鉅通用而巨闕可作鉅巨室不得作鉅如此類者甚多隨舉數字餘可推擴若夫同義異文各有出處如伏羲或作宓戲獬豸或作獬廌子規或作子嶲滹沱或作惡池爾汝之汝或作女而災害之災或作灾烖傳習或異用各不同學者臨文斟酌宜知所從矣

王濂書

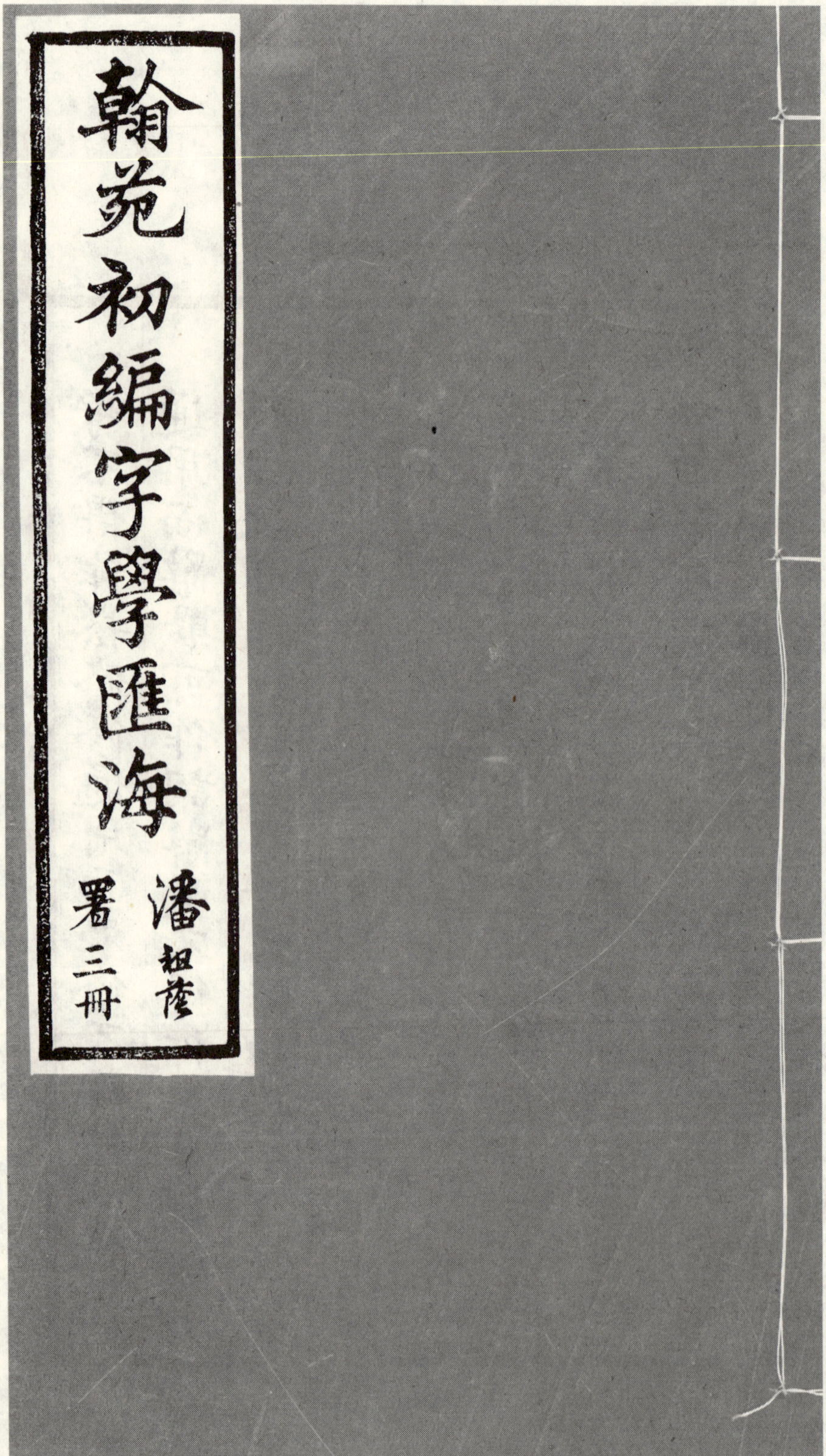
翰苑初編字學匯海
潘祖蔭署
三冊

光緒十二年春開雕

字學匯海

京都琉璃厰秀文齋藏板

今韻字學敘

小學之究點畫者先點畫形義以韻爲的今韻苑輯刻外韻字學詳加增訂校對譜與他本殊異如厤歷字採入字从手不從禾九泰纖字從山示从止等類非可枚舉且多加小

又

字標出門類更詳前輩所臆者
不同袖珍華陽之弋人誤作戈人也
爰綴數語以著簡云
光緒丙戌春和翁日餘耕手甫并識

秀文齋南紙店初刻

字學舉隅續編

辨似 分韻

曈瞳 並音同上曈曨日欲明也下目珠子也

膧朣 並音同上肥皃下朣朧月初出也

僮徸 上音童僮僕也下音衝行皃

橦穜 並音同上木名花可為布又帳柱也下禾先種後熟曰穜

䑃朦 並音蒙上大皃下朦朧月將入也

曚矇 並音蒙上曚曨日未明也下盲也又人未學問曰矇

幪幪上音蒙蓋衣也下音駕蠻布也

侗侗上音通無知也一曰未有所成也下音統儱侗直行

絧絧上音同布也又音洞鴻絧直馳皃下音聚襌衣也

詷詷上音同共也一曰諏也下音貿候也

䓤箜並音空上䓤心草也下箜篌樂器

蓊䈵並音翁上蓊薹也又烏孔切蓊鬱草木盛皃下䈵竹盛皃

茙䇉並音戎上茙葵又茙茙厚皃下小竹可為矢

崇祟上音漴嵬高也下音粹神禍也

逄逢 上音縫遇也又音蓬鼓聲詩鼉鼓逢逢下音龐姓也

濃濃 上音醲厚也又露多皃下奴涷切涷濃寒皃

襛襛 並音醲上厚祭也下衣厚也

穠穠 並音醲上華木稠多皃下木名

茚節 上音卭蕒莢也下音蛩竹名可爲杖

茸䇯 並音戎上草生皃下文竹也

伀彸 並音鍾上志及衆也下行遽也又征彸惶懼皃

漨塳 上音逢水名下音蓬塵隨風起

賣庠以二一　黃彝年書

蓯篵 上音鏦肉蓯蓉藥名又音總菶蓯草皃下有病竹不堪用者

蔠䈺 並音終上蔠葵也下竹也又戎人呼筐曰䈺

葓篊 並音洪上水草也下竹引水也又取魚具

朧朧 上音籠朣朧下力董切肥皃

扛杠 並音江上橫關對舉也史記力能扛鼎下牀前橫木也又小橋謂之杠

矼釭 並音江上聚石為步渡水也下燈也

茳䇮 並音江上茳蘺香草下竹名又筏也

⿱艹雙䉶 並音雙上草名下帆也以木葉為之

蕤甤 並音緌上草木華垂皃又蕤賓下草木實甤甤也

倚掎 上音㱦㥋倚儉意也下舉綺切偏引也

攠㦹 並音縻上弊也鐘受擊處下散也

裨裨 上符支切將之偏副从示下从衣下府移切益也

蘺籭 上音離著也草木附麗地而生也下音澌竹器

睡腄 上音垂地名下音瑞坐寐也

椅稦 上音猗梓實桐皮曰椅下音醫禾密皃

榰稽 上音支柱下根也下音者麥下種也

搘愭上音支搘梧也下音耆恭也

祺祺上音其吉也祥也詩壽考維祺下音忌繫也巾也

褫褫上音斯治禾也下音思山桃也又承盤曰褫

忯忯上音歧敬也愛也又音飴忯忯和適也下音諦悶也

怶帔上音披怒也憂也下音被帬也又帔披也披之肩背不及下也

芪笓上音其黃芪藥名下與匙同李商隱詩玉笓不動便門鎖

笞苔上音痴捶擊也下音臺蘚也

餈餈上音茨稻餅也下音疵嫌食皃

筓笄　上音雞簪也下音況覓魚具

箠菙　上音垂竹名又音捶笞刑也又擊馬策下音捶木名荆也

蒒篩　並音師上海草其實食之如大麥俗名自然穀或曰禹餘糧下篩竹長百尺圍二丈五六尺南方以為船

簁蓰　上音澌竹器下音璽草名又音屣物數也孟子或相倍蓰

虆蘽　上力追切蔓也又虆梩籠臿之屬下木名即今言萬歲藤

簛蘄　並音斯上竹器可以去麤取細下草生水中其花可食

踟𢓭　並音馳上踟躕下行也

陴埤　並音脾上城上女牆俾倪也左傳成十五年閉門登陴下附也增也

[illegible]辛以　日一　楊福臻

嗤媸 並音蚩上笑皃下醜也癡也

褵褵 並音離上福祥也下衣帶也

穄穄 並音離上木名條可為大索下吐沫𥝩也

氂犛 並音離上牛尾也又十毫曰氂下理也又音禧福也

剺𠢔 並音犁上引也下劃也

曦曦 並音義上日色也下目動也

侇徲 並音夷上儕也等也下行平易也

伾伾 上音皮走皃下敷悲切有力也詩以車伾伾又大伾山名

椎錐　上音追擊也又椎髻下音錐鋭器也

棊棋　上音其博棊下音基根柢也

柅秜　並音尼上止車木易繫于金柅下稻今年落明年生

⿰目奇⿰耳奇　並音崎上目一隻也下側耳也

腄⿰耳垂　上音垂瘢也下音朵耳垂也

薇⿱竹微　並音微上菜也又花名下竹名

暉睴　上音煇光也下古鈍切目急出也又睴睴視皃

禈褌　上音暉祭也下音昆褻衣

纂輯人　楊福臻

稀稀 上音犧勻也下音希疏也

簡簡 上音閭菴簡草下音蘆簡箸竹名

蒢篨 並音除上草名華白心黃江東以為葅食下籧篨粗竹席也又醜疾也

茹筎 並音如上根相牽引皃易拔茅連茹又音汝音孺義同下竹筎以塞舟也

藘篪 上音閭草木可以染絳下音慮舟中簣篪

糈稰 並音胥上糧也下熟穫也

楈揟 並音胥上木也皮可為索下取沮也

蒣筡 並音舒上草名下竹名

⿰忄虛⿰扌虛　上音虛志怯也下音袪擊也

⿸广直⿸广旦　上音苴人相依⿸广直也下音旦小舍也

⿸疒直疸　上音苴久癰也下音旦黃病也

苽笟　上音姑彫胡也下攻乎切以篾束物也

竽芋　上音于笙竽下音羽蹲鴟也又音吁大也詩君子攸芋

蕪⿱⺮無　並音無上薉也又蕪豐也下黑竹也

萸⿱⺮臾　並音俞上茱萸下黑竹

酤酟　上音孤一宿酒也又通作沽下音添和也

讀率以　六　楊福臻

餂餂 上音胡寄食也與餬同下音拈相謁而食麥曰餂

枯枯 上音刳史記推枯朽者易為力下音孅木也

曥矑 上音驢日色又日照也下音盧視也

酑酐 上音于飲也下音汗苦酒也

伹徂 上音疽拙也下昨胡切往也又徂來山名

蒩蒩 上音租茅蒩下音樝草名楚葵也

葅苴 上音徐苴蓋菜名似韭下才余切草苴也

餬糊 上音胡饘也下戶吳切模糊漫皃又糊塗音忽突

呼呼 上音虍外息也下音惡相呵拒也

蕦䇓 並音須上蕵蕪别名下魚笥也

苸[竹乎] 上音呼草名下同篛

恗挎 上音呼怯也下音枯持也

抪怖 上音鋪捫持也一曰舒也下普故切惶也

杸[忄殳] 上音殊軍士所執殳也下音役用心也

枹抱 上音夫擊鼓杖也下袍上聲懷也

朐朐 上音劬脯脡也下音衢車軛也

賣庠以 乚

李象辰書

扜扞 上音吁指麾也又持也下音翰以手扞也又衛也

扶枎 上音符佐也下音夫枎疏四布也

蘆籚 並音盧蘆菔也一曰蕣根又葦之未秀者下籚西竹又筐也

葫箶 並音胡上葫瓜也下竹名又箶簏箭室

菰箛 並音孤上菰蔣也下竹名又吹鞭也

眗煦 上音吁眗瞜笑皃下音姁烝也

欋攫 上音劬四齒杷也下音局爪持也又欋疏枝葉敷布皃

晡䀯 上奔模切日申時也下音補視皃

袾袾 上音株朱衣曰袾又袾襦短衣下音朱詛也

衦衦 上音于諸衦也通作于一曰太掖衣也下音榦摩展衣也

𣅀䀻 上附扶切日也下音扶望也

𣉙睮 上音瑜日陰也下音俞睮睮媚皃

庯𠪭 上音逋庯廜屋不平也下音敷石閒見又音鋪石文見也

余佘 上音餘我也又姓由余之後下音蛇姓也从人从示

塗途 上泥塗又塗乙改竄也又通作途下路徑

汙污 上音烏與洿同濁水不流也詩田卒汙萊下同汙从亏者古文从于者今文

讀辛人

李象辰書

胿眭 上音圭大腹下音觿深目也

傒徯 並音奚上東北夷名下有所望也

𢤱懏 上音擕有二心也下音俊慧也

偍徥 上音題荀子難進曰偍下音匙徥徥行皃

藜䉫 並音黎上類蒿下竹名

箄箅 上音篦捕魚器下音閉甑箅

笓芘 上音鼙取蝦竹器下音鼻草也又同庇蔭也覆也

惿提 並音題上惿[忄斯]心不安皃下挈也

犀屖 並音西上南徼外牛又兵器堅也下遲也又通作犀

偕偕 上音皆強也一曰俱也下口皆切徘徊行惡也

揩楷 上口皆切摩拭也下苦駭切木名又模也法也

佳徍 上音街好也下音娃徍徥邪行皃

俳徘 上音牌俳優下音裴徘徊不進皃

薹籉 並音臺上薹菜名又草名夫須也下笠也

蘲䉪 上音壘蘲蘲下音對稻米碓也

催催 並音崔上促也迫也下行急皃

續平以 乙

李象辰書

莓莓 上音梅苔也又莓莓美田也下音浼馬莓也

垓陔 並音該上兼垓八極地也下階次也又南陔笙詩名陔夏樂名

隗傀 上音桅高皃下音瑰大皃又傀儡

椳揋 並音隈上户樞下椅也

漼漼 上昨回切漼澧霜雪積聚皃下音璀深也詩有漼者淵

厓雁 上音塠聚土也下音堆屋從上傾下也

黠黠 上音皆黑竹下音鞋麻莖也

隤隤 上音推牛蘈下杜回切竹筆也

朘朘　上祖回切赤子陰也下音鐫縮朒爲朘不从肉

瞵瞵　並音隣上人名下目精也

眴眴　上音絢徧也又十日爲旬下音縣目摇也

恂恂　上音純憂也下丁了切驚也

眆眆　並音欣上旦明日將出也下喜也又視不明皃

肫肫　上音諄鈍目也下與暾同

茵茵　並音因上車重席下竹名

甄甄　上音真地粽下音甄止樂器

續字次　一　李象辰書

蓴篿 上音純蓴菜通作蒓下音團圜竹器也

凐湮 並音因上寒皃下落也沈也

偱循 並音旬上述也下率循也

禋禋 並音因上潔祀也下與裀同

悃悃 上音困勞倦也下苦本切愊也

津津 上音秦渡也下音尖進也

䓴筠 並于倫切上藕紹也下竹青皮

⿱艹兟⿱竹兟 並音辛上草名又草盛皃下簳也

眴眴上音匀日光也下音田轉視皃
潛溽上音脣水厓也詩在河之漘下音辱溼暑也
曛曛並音熏上日入餘光黃昏時下目暗也
墳濆並音汾上墓也又墳籍下水際也
宭窘上音羣羣居也與羣通下巨隕切窮迫也
忻炘並音欣上闓也本作訢下炘炘熱皃
痕痕上音艱瘢痕也下音亮目病
萱萱並音暄上忘憂草下竹花也

賣垟以　十一　陳琇瑩書

暄暄 上音煊春晚也又日暖也下同暖

晅晅 上音暄日氣也易曰以晅之下居鄧切目起皃

暖暖 上同暄大目也下同煖温也禮行春令則暖風來至

蕃籓 並音煩上草茂也又蕃息也下大箕也一曰蔽也

攢欑 並音巑上聚也司馬相如賦攢羅列聚下積竹杖也

蘭籣 並音闌上香草下所以盛弩矢人所負也

矕矕 上音鸞目旦昏時下式版切目矕矕也

蔓蔓 上莫盤切竹名蔓筍皮青而肉皙白下音萬葛也

盤磐大皃並薄官切上盛物器下大石也荀子國安於磐石又磐礴廣

聯聯上音闗聯聯視皃下音連連也

荃筌並音詮上荃蕪香草出波弋國下取魚竹器

汘汗上音千水也下音翰人液也

筵莚並音延上竹席下草名又音衍蔓莚不斷也

箋菚上音湔表識書也下音戔草名

𥳇蘚上音鮮竹名下音癬苔蘚也

蒣箯上音㛹蒣縷草名下音鞭竹輿也

貴辛人 三 陳琇瑩書

憍撟上音驕逸也矜也又虛憍高仰也下音矯舉手也

僑僑上音橋高也又旅寓曰僑居下巨夭切行皃

暵瞙上音罕乾也下音描張目也

䁘暚並音遙上美目也下明也日光也

聊聊上音瞭耳鳴又語助也下音卯眑聊邪視

昭眧上音招日明也下尺沼切目弄人也

暸瞭上音聊明也下音了目睛明也

苕笤上音迢詩邛有旨苕下音條笤箒

佻恌上音條獨行皃又偷也又行不耐苦皃詩佻佻公子下音祧輕薄也

彫凋並音貂上琢文也下半傷也又通彫

宵霄並音消上夜也又小也下近天氣也

⿱竹麃藨上音庖竹名下音殍鹿藿也又蒯屬可為席

茅⿱竹矛上音貓菅也下同茁

茭筊上音交乾芻也書峙乃芻茭下音爻竹索也又簫名

苞笣並音包上草也又物叢生曰苞下竹名

筲莦並音梢上斗筲竹器下惡草

賣辛人 上三

陳琇瑩書

嫭嫭上音高去也本音蒿詩以嫭荼蓼下音辱懈怠也

篙蒿上音高進船竿下呼高切莜也

箌菿上音叨牛筐下音髠葘菿芙蓉也

睾睪上同皋澤也又腎丸也下音亦視也又睪睪生也

操懆上七刀切把持也下音早愁不安也

撈憦上音勞沈取曰撈下郎到切懊憦悔也

褿褿並音曹上祭豕几下帬也

怵怵上音高知也下音笨性不慧也

䄉䄉 並音莪上祭名下衣盛飾也

苛笴 上音何小草也又政煩也下音哿箭幹也

蘿籮 並音羅上女蘿下竹器

他彵 上通佗下他可切安行也

薖簻 上音科草也又寬大皃詩碩人之薖下音檛箠也

扠杈 並音叉上挾取也下枝杈也又捕魚器

椏稏 上音鴉江東謂樹枝曰杈椏下音亞䆉稏稻名

茄笳 並音嘉上荷莖又柳宗元詩珍蔬折五茄下簫笳

陳琇瑩書

芭笆 上音巴芭蕉又香草下音把竹名出蜀

芽笌 並音牙上萌芽下筍也

葭葮 上音加葦之未秀者即今蘆也下音段木名

傍徬 上蒲光切近也側也又音螃左右也下蒲浪切附也

莨筤 並音郎上藏莨草名下細竹也

膛瞠 上音湯肥皃下音撐直視也

禓裼 上音陽道上祭也又音商逐强鬼禮鄉人禓下音錫去上衣曰裼又裘單也

庠痒 並音詳上庠序下病也

稂桹 並魯當切上草名似莠下桄桹木名又船板名鳴桹以驚魚

滂滂 並音雱上湊相著也下沛也

筐𦱊 並音匡上盛物竹器下草名

篁葟 並音皇上竹名又竹田曰篁又竹叢下葟榮花之美也

䕬簹 並音當上草名下篔簹竹名

昂昻 並音卬上舉也下舉目視也

芳𥬀 上音妨芬芳下音方竹器

程裎 並音呈上人姓下裸裎

貴辛久

王覲安書

偵偵 上音檉偵候下恥勇切偵偵走皃

棖振 並音橙上門旁兩木下振觸

筕荇 上音行筕篖竹笪也下音杏接余也

菁箐 並音精上韭華也又菁茅下箐箐小籠

籯蘏 並音盈上籠也下菊華也

涇涇 上音經水名下巨井切寒也

溟溟 上音冥小雨溟溟也下每粉切寒皃

苓笭 並音靈上卷耳也詩隰有苓下車笭也一曰籠也

伶伶　上音零獨也又優伶下音箝伶侏樂人

泠泠　上音靈水名又泠泠水聲亦風聲下音紺與淦同

蓂簚　上音冥蓂莢下音麥車鉤篾也

箳荓　並音瓶上竹名一曰箳箏戶扇下馬帚草又音俜詩荓云不逮註荓使也

聆聆　上音靈聆矓日光下卲甚切明也

汀汀　並音廳上冰貌下水際平地

腥瑆　上音星凡肉未熟曰腥又臭也下息井切視也

蒸篜　並音烝上衆也詩天生蒸民又折麻中榦也詩以薪以蒸下竹也

賣辛乂　卜六　王觀安書

昇昇 上音陞日上也下音恭竦手也扶也

蘣簦 並音登上金蘣草下長柄笠又竹也

棱掕 上盧登切四方木也又稜棱下里孕切止馬也

祾裬 並音陵上祭名又神之福也下馬腹下帶也

蔞簍 並音樓上蒿屬詩言刈其蔞下竹籠也簍者疏目之籠言其孔樓樓然也

薵籌 並音儔上草名下籌算也

蒐䈔 並音搜上春獵爲蒐下竹名

𦺇篝 上音垢積草下音鉤薰籠也又負物籠

漻漻　上音留漻浗手足凍皃下音聊清深也

椆椆　並音籌上木也寒而不凋下多也密也

坏抔　上芳杯切山再成曰坏又音裴以土封罅隙也下音裒手掬物也

褸褸　上音婁飲食祭也下音樓衣襟也又音縷襤褸衣壞也

倜倜　上音周倜儻行皃下音惕倜儻不羈也又高舉皃

葴箴　並音斟上葴馬藍今大葉冬藍是也下綴衣箴也又規戒也

芩笒　上音琴草也下音岑竹名又音噤竹籤也

吟吟　上音崟詠也下音靈吟吟語也

王覲安書

浸浸　上音侵冷也下音祲漬也易剛浸而長

藍籃　並魯甘切上染青草也詩終朝采藍又藍縷下大籠筐也

䈄菡　上音含竹實中竹名下音頷菡猶含也詩有蒲菡萏

涵涵　並音含上水澤多也下寒也

笒莟　上音含笒箬竹實中者下音憾菡含心欲秀也

瞻瞻　上音詹臨視也下音黵黷也

籤籤　上音纖草名山韭也下音簽驗也竹籤所以卜者又典籤官名

蒹蒹　上古甜切蒹葭下音傔籠也

俺俺上音俺我也北人稱我曰俺下於劍切匿也

苫笘並音痁上草覆屋下折竹箠也

蘞籢並音廉上蔓草詩蘞蔓於野下盛鏡之器

儳儳並音讒上疾也又雜言也禮毋儳言下不齊也

㩳㒒並音悚上執也推也又挺也下通作聳懼也又音雙義同

拱栱並居悚切上手抱也又斂手也下杙大者謂之栱

悚竦上音聳懼也又慚悚下敬也自申束也

聳慫上音竦悚也又高也下音悚驚也又慫慂

賣悴以 卜 王覲安書

隴壟 並力董切上天水大坂也漢隴西郡今鞏昌府下冢也又田中高處曰壟

佌⿰彳此 並音此上佌佌小也下行皃

偉徫 上音韙大也下雨鬼切行皃

巨叵 上大也下音頗不可也

莒筥 並音舉上草名又國名又姓下盛米器

籧蘧 上音舉養蠶器又飲牛筐方曰筐圓曰籧下音渠菜也

藇籅 上音序美也詩釃酒有藇又音輿蕃蕪也下音余籧也

籔藪 上所矩切四足几又漉米器下音叟大澤也

傴傴上委羽切不伸也左傳再命而傴下尺主切行也

拄柱上音主支也下直主切楹也

簿薄上音部籍也又笏也領也下音泊林薄又厚薄

股股上音古髀也下呼合切肥也

棨綮並音啟上傳信刻木爲合符也又有衣之戟曰棨下㨎繒也一曰戟衣也

綵彩並通采上繒綵下光彩又文章也

眕眕並音軫上目有所限而止也左傳憾而能眕者註有忍意下告也聽也

筍荀上聳允切竹胎也下音洵草名又姓

[illegible]辛人

黃紹箕書

朕眹上呈稔切天子自稱下直忍切目童子又萌兆也

晚睌上音挽莫也後也下武簡切無畏視也

莞筦上音宛紫莞又茂盛也下委遠切竹器

捆梱並音閫上齊等也孟子捆屨下門橛也又音魂木名爾雅髡梱

晼睕上於遠切景昳也楚辭白日晼晼其將入兮下音婉目開皃小嫵媚也

襢禪上徒旱切同袒襢裼下音繕祭天也

纂綦上音纘集也下音其紫綦似蕨可食

晥睆並音莞上日出皃下目出皃

晥晥並戶版切上實皃詩有晥其實下明皃

睍睍並胡典切上小視也又睍晥好皃下日出皃

俴俴並在演切上淺也詩俴駟孔羣下迹也又長俴地名

襐襐上音癬祭餘肉下音象后衣也

杪杪上俗鈔下音藐木杪也

篠蓧上音小小竹也下同莜竹器論語以杖荷蓧

假徦並音賈上借也大也下至也

仰䘚上語兩切舉首望也又以尊命卑曰仰下魚浪切覰䘚行不端也

賣牂以 二十 黃紹箕書

昉昉上音仿明也下音紡昉眆見似不諦又微見也

蕩簜並音盪上大也又排蕩去穢垢也下大竹書篠簜既敷

迥逥上户茗切寥遠也下同回又音貴曲也

泂洞上音迥滄也又遠也詩泂酌彼行潦下音炯冷也

笱茍並音垢上捕魚竹器詩毋發我笱下草也又誠也

餿糗並去久切上食物爛也下糧也

栁柳上力九切小楊也下魚浪切繫馬柱

荏䇮上音稔詩荏菽旆旆下音飪單席也

値値上音治遇也又物價曰値下音智施也

畀卑上音比賜也與也下音碑賤也下也

䔧篲上音彗草名下音槥埽竹也本作彗

淬淬上音倅滅火器下音晬寒皃

晬睟並音粹上周年也子生一歲也下視正也

肆肄上音四極陳也下音易習也

祽䘹並音晬上月祭名下單衣

䉛薜上音避竹䉛也又弋鳥具下音備薜荔

黃辛人　三十一　黄紹箕書

著箸 並陟慮切上明也下同筯

怤拊 上音附心附也下音撫循也

秅秏 上當故切禾束也下呼到切稻屬又通作耗

庫厙 上苦故切兵車藏也下音舍姓也後漢金城太守厙鈞

晲睨 上吾禮切日昳也下音脂衺視也

儈徻 上音膾牙儈會合市人者下音懀徻徻屋宇高明也

茷筏 上音吠草葉多也下音伐編竹渡水也

稗粺 並傍卦切上莠稗又小說謂之稗說又稗官下精米詩彼疏斯粺

債債上側賣切負也俗謂負財曰債下土革切容尋常人也

晦䀲上音誨月盡也又昧也下音牧目病

晙睃並音俊上明也早也下視也

藎藎上音燼草名可染黃又進也餘也下音笥小竹

憖慦上魚覲切問也敬謹也下音救悦也謹也

恨悢上下艮切怨極下音亮悢悢惆悵

貫貰上音瓘穿也下音世貸也

倦倦上權去聲懈也疲也下音綣徐行也

賣辛人 二 陳冕書

羡羡上似面切貪欲又餘也下音夷地名

儌儌上古了切儌行也又音澆儌倖覬非望也下吉弔切循也又邏卒曰游儌又邊儌又古堯切要也求也

眺眺上音耀目不正又眺望也下音桃耳疾

暇暇上音夏閒也下音下緩視皃

曠曠並音壙上明下目無見也

眖眖上音況賜也與也下許放切視也

聘聘並匹正切上訪下視也

競競上音傹彊也下音矜敬也

滲滲上音罧漉也司馬相如封禪傳滋液滲漉下所禁切寒皃

瞰瞰上音喊日出皃下音闞俯視也

店痁上音墊店置也所以置貨鬻物也下音苫瘧疾

祿禄並音鹿上俸也福也下禄褳衣聲

福褔上方六切祜也下敷救切衣褔今作副

漉瀌上音鹿滬也一曰水下也下音鑣瀌瀌雪盛皃

蓿蓿上音宿苜蓿下音叟十六斗也

麓簏並音祿上山足也下竹高篋

遂篴上音逐惡菜詩采遂下音狄七孔筩也

伏伏上音服偃也下徒蓋切海中地名

褥縟並音辱上裀褥下繁采色也

⿰忄匊掬並音匊上謹慎下同匊兩手掬也

菊⿱竹匊並居六切上秋菊下竹根

棫稢上音域白桵上音郁黍稷盛皃

慄慄上音栗懼也下音栗詭隨

律律上音嵂律呂又軍法又刑書也下勒沒切律魁大皃

茁笜上音札草初生詩茁葭下音怵竹筍生也

彴徇上音勺獨木梁下音殉行示巡師宣令也

藿籗上音霍藜藿下音廓捕魚籠

攫戄上音矍捕取下許縛切驚也

厝庴上音錯厲石又五方雜厝同錯又同措下音籍縣名按厝从厂昔得聲即古錯字

涸涸上音鶴竭也下音雇凝也閉也

洛洛上音落水名下音涸洛澤冰皃

昨昨上在各切昨日隔一宵也下音祚目也

[illegible]人 [illegible] 陳冕書

掖掖 並音亦上誘掖　殿旁垣曰掖垣下木名

襗襗 上音亦祭之明日下音鐸絝也又音亦長襦也

澤澤 上音宅水澤下音鐸冰結

格挌 並音隔上木長皃又至也下擊也鬬也

籊藋 上音惕竹長殺詩籊籊竹竿下音掉藋草也

仄庂 上厠本字通作側又平仄又仄匿月行遲也下音側亦庂漢錢名

默黙 上音墨不語也下音太黑也

苙笠 並力入切上圂也孟子既入其苙下簦笠以竹爲之

㮶搠 並音朔上木名一曰栅也俗同槊非下塗也

佶佶 上音吉急也又壯健皃詩四牡既佶下音咥行也

暱暱 並音匿上昵近詩無自暱焉下小目

蓽篳 上音必豆也又蓽荳草名下音畢藩落也禮篳門

茀笰 上音弗道多草不可行又同福詩茀祿下音拂車後戶名

佛彿 上音弗見不諦也又佛佗佛者覺也以覺寤羣生也又同弼詩佛時仔肩下彷彿

凸凹 上音迭高也又音突土高也下音泹低下也土窪也又於交切義同 按凹同坳俗讀窪音非

揭楬 並居謁切上高舉下楬櫫也

[illegible]辛[illegible] 蔣式芬書

活活並音佸上水名又生也又音括活活水流聲下冰也

杌杌並音兀上木無枝又檮杌人名又不安皃下動也

抹抹上音末摩也下音抹摸也

首苜上音末目不正下音牧首蓿

聒聒上音括讙語下荒割切怒視皃

扎札並側入切上拔也下木牘

瞥瞥並音撆上瞥然暫見下瞥瞥日落勢

裰裰上音掇補裰破衣下音綴重祭也

抑㧕上音億按也又慎密下音柳捫也

伋彶並音急上人名郭伋字細侯又音及伋伋虛詐下遽也

葺䈏上音緝修補下音鞁織竹器

臘䁽上音蠟冬至後三戌為臘祭百神下音獵目暗

睫䁽上音接目旁毛下音妾睫䁽目欲没

筴莢上音策卜筮筴又簡筴下音夾皁莢又蓂莢

浹浃上即協切徹也下音協浹渫凍相著也

䀹䀹上音接目旁毛同睫下音閃䀹䀹目數動皃

讀辛丷 二十七 蔣式芬書

笈芨上音跲負書箱下音急芨堇草即烏頭又白芨

楫稓上音接舟櫂下音即稠稓

俠㣿上音協俠客下音撊拮㣿行搖曳皃

稷㮨並音即上黃米下細理木也

京都琉璃廠中間

秀文齋南紙店刊

音義異同

卿雲 卿同慶　月氏 音支　隋星 隋音妥
朱提 音殊時　格澤 音鶴鐸　苴蜀 苴同巴
參商 參音森　洗馬 洗音銑　礿約 礿音雹
率更 率音律　盟津 盟同孟　冒頓 音墨毒
桑乾 音干　谷離 谷音鹿　可汗 音克寒
形景 同影　閼氏 音燕支　莫邪 同耶
隆準 音拙　漸靡 同摩　母追 音牟堆

焦瘁焦同憔　綸巾綸音鰥　縱衡同横

僕區音甌　須搖搖同臾　身毒同天竺

柴池柴同差　咎繇同皋陶　次且同趑趄

落魄音拓　袒免音但問　逍巡逍同逡

牢愁音曹　紅女紅同工　孟浪音莽朗

戲下戲同麾　薦紳薦同縉　慢訑同誕

長物長音仗　縣絕縣同懸　詘信同伸

臧否音鄙　逕庭音聽　數奇音羈

夏楚夏音賈　滑稽滑音骨　搒掠音邦亮
喧呶音鐃　躡屩音脚　饕餮音鐵
泛駕泛音捧　游徼音叫　玳瑁音妹
拮据音居　矰繳音灼　貪冒音默
孤鶩音木　矜寡矜同鰥　野蔌音速
暴露暴音僕　斗杓音標　蔓延蔓同萬
提撕音西　瞑眩瞑音面　鼓筴同策
匪頒匪音分　俶儻倜同倜　岐嶷音逆

音義 [illegible] 二 葉大道書

雋永 雋音吮　頖宮 頖同泮　屈强 同彊

璿室 璿同璇　忼慨 忼同慷　草刱 同創

消摇 同逍遥　譜諜 同牒　頫仰 頫同俯

財擇 財同裁　鹵掠 鹵同擄　櫂歌 櫂同棹

臨貺 同況　省諐 同愆　儋石 儋同擔

諼草 諼同萱　蒼黄 同倉皇　枝梧 同支吾

奚翅 同啻　薦舉 薦同荐 按荐俗字　徘徊 同裴回

媮安 同偷　鬯茂 鬯同暢　行李 同理

諸字誤讀

天姥 姥音母誤老　潢汙 潢音黄誤横

澶淵 澶音蟬誤檀　疆埸 埸音亦誤場

颶風 颶音具誤貝　瀧岡 瀧音雙誤瓏

雨雹 雹音薄誤泡　帲幪 帲音伻誤駢

孟陬 陬音鄒誤趣　淄澠 澠音繩誤蠅

日昳 昳音耋誤佚　史籀 籀音胄誤溜

炎歊 歊音嚻誤敲　燕娭 娭音熙誤俟

賣吳賣　一　潘頤福

妃嬪　嬪音頻　誤賓

斡旋　斡烏活切　誤幹

悃愊　愊音逼　誤幅

謏聞　謏音小　誤庾

睚眦　眦柴去聲　誤此

災沴　沴音戾　誤疹

劻勷　勷音穰　誤襄

卓犖　犖音洛　誤勞

噢咻　音傴詡　誤奧休

百揆　揆音跪　誤睽

狻猊　狻音酸　誤俊

儤直　儤音報　誤瀑

萑苻　音桓蒲　誤隹符

金莖　莖音衡　誤徑

飴餳　餳音唐　誤陽

潟鹵　潟音昔　誤瀉

芟夷 芟音衫 誤殳　雞肋 肋音勒 誤筋

削朘 朘音宣 誤俊　草菅 菅音姦 誤管

剛愎 愎音弼 誤復　蘸水 蘸莊陷切 誤醮

黈纊 黈他口切偷上聲 誤黃　貪婪 婪音嵐 誤林

覶縷 覶音羅 誤爾　讋服 讋音慴 誤龔

緡錢 緡音民 誤眠　酗酒 酗音煦 誤凶

擊筑 筑音竹 誤恐　愧恧 恧音忸 誤耐

果蓏 蓏音裸 誤預　周阹 阹音袪 誤怯

蜡賓蜡音乍誤臘　米滰滰强上聲誤竟

肸蠁肸黑乙切誤盼　酒帘帘音簾誤旆

叵羅叵音頗誤巨　呫囁呫音諂誤占

續正譌

平聲

躬 躳　差 差　迤 迤

窺 窺　棊 碁　肥 肥

虛 虗　膚 膚　廚 厨

鑪 鑪　尋 尋　瓠 瓠

閭 閭　盧 盧　隄 堤

黎 黎　霓 蜺　笄 笄

續正譌 二 張人駿書

雞 鷄　階 堦　巡 廵
翻 飜　珊 瑚　顏 顔
寰 寰　牽 承作牽　髫 齠
迢 迢　樵 蕉　焦 燋
梟 梟　肴 餚　鞾 靴
誇 誇　卬 卬　迎 迎
絅 綗　垌 坰　陵 陵
碪 砧　覃 覃　檐 簷

上聲

擁擁　壅壅　壟壠

蚌蜯　徙徙　觜嘴

亶亶　舞儛　黼黼

羖羖　詈詈　蠡蠡

禰祢　偃偃　遠遠

阪坂　懇懇　澣浣

典典　繞遶　窈窈

續　三　二　張人駿書

肇 肇　埽 掃　彙 彙

㧺 拗　齩 咬　寫 寫

稾 藁　假 假　瓦 凡

枉 枉　整 整　騁 騁

並 並　丑 丑　阜 阜

牖 牖　授 授　咎 咎

茍 茍　掩 掩　后 后

某 某

去聲

譬 辟　罝 承作置　畀 畀

懿 懿　數 數　杕 杕

歲 承作歲　楔 稧　挂 掛

儁 儁　竄 竄　笑 咲

櫂 棹　廟 庿 儀禮作廟　蒜 蒜

羕 羕　薦 荐　劒 劒 承作劍

歎 嘆

賣　三　張人駿書

入聲

孰 孰　僕 僕　啄 啄
督 督　邈 邈　黻 黻
厥 厥　韈 韈　滅 滅
薄 薄　劄 剳　塔 塔
役 役　楫 檝　鼈 鱉
狹 狭　默 嘿　迫 迫
若 若

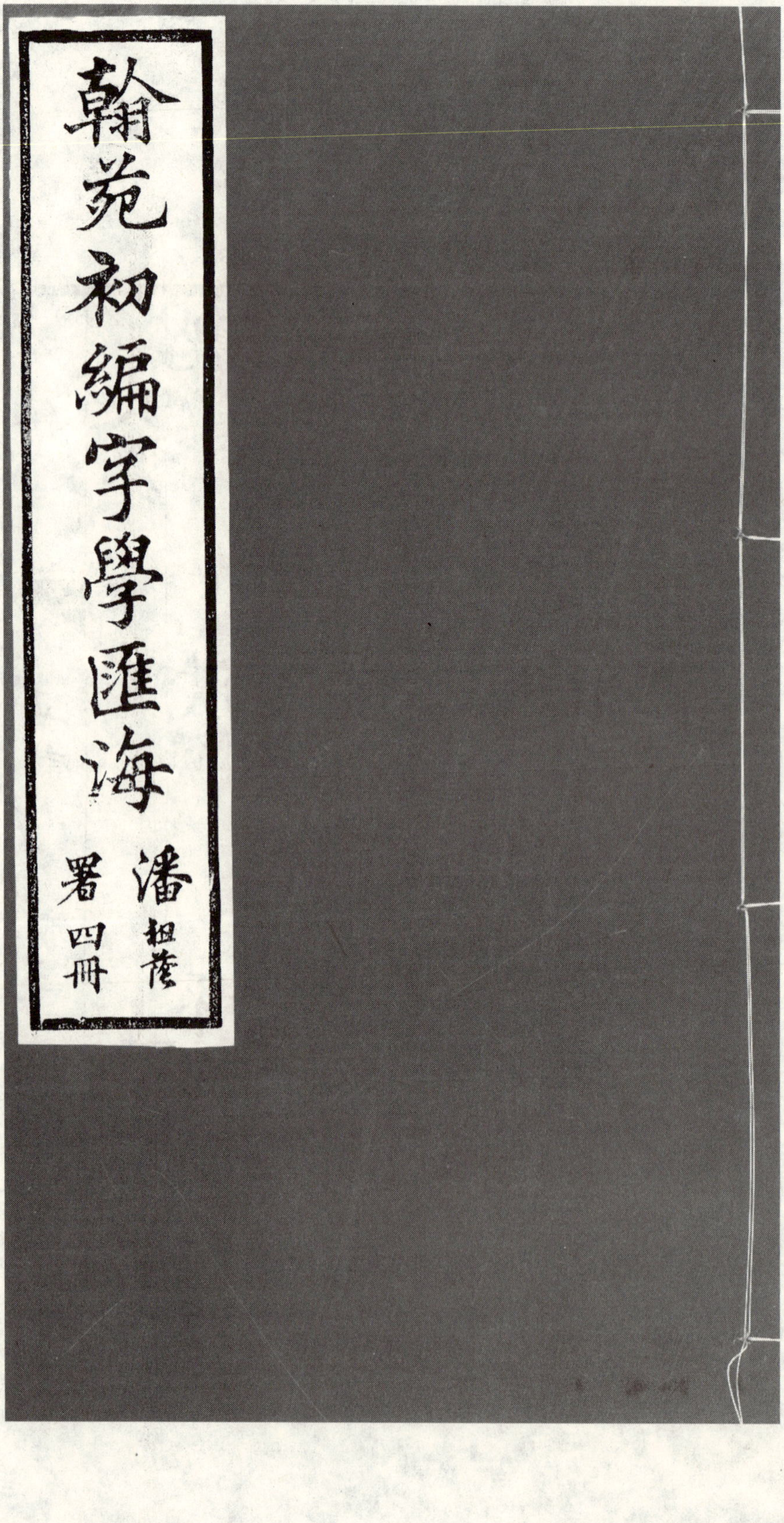
翰苑初編字學匯海
潘祖蔭署
四冊

光緒十二年春開雕

字學匯海

京都琉璃厰秀文齋藏板

敬避字樣

聖祖仁皇帝廟諱上一字書○德升聞用元字恭
代然元德元黃元鳥等字皆不得用　弦
絃炫眩等字敬缺末點率字亦缺點惟畜
蓄字不缺點兩諱相並之字作玆借用茲
舊本有用纟玄字代者今不从
下一字韓文其膏沃者其光○用煜字恭
代又从火从曅之字詩○○震電字典作

煜从日从華之字後漢書張衡傳列缺○
其照夜字典作曄二字音義相近皆不得
用
世宗憲皇帝廟諱上一字詩永錫祚○用允字恭
代然祚允允征等字皆不得用　湞字敬
缺乚旁下一字从示从真用禛字恭代
高宗純皇帝廟諱上一字論語人能○道用宏字
恭代然宏道宏毅等字皆不得用　偏旁

字敬缺末點紘字可通作紘綋泓字不可
通作浤涳義别故也　強字寫作强　厷
宏字不得缺末點
下一字書天之○數用歷字恭代歴字本
从秝从止今从林㣺　歷象歷數治歷皆
不得用
仁宗睿皇帝廟諱上一字詩○○卬卬敬缺頁旁
末撇點然○卬○若皆不得用

攸達　二　陳與冏書

殿板書遇周○等古人名皆改作愚場屋不
可用
下一字書宏璧琬○奉
諭旨改右下火字作又無恭代之字 琬○琹○
等字皆不得用 單用炎字及談淡偏旁
音義各别不得改作⿱火又
宣宗成皇帝廟諱上一字爾雅秋為○天敬缺點
作旻下一字易萬國咸○敬改作寕二字

雖奉

諭旨究不敢用　近日有作甯字代者亦不可用

文宗顯皇帝廟諱上一字詩○○梁山

下一字从言从宁無恭代之字敬缺末筆

如當宁絺紵積貯延佇等字音韻相近皆

不得用

穆宗毅皇帝廟諱上一字詩○戢干戈

下一字隋書政謚化○無恭代之字右旁

文達

三　陳與冏書

敬避作亯然享字不得作亯敦惇等偏旁皆然惟从酉从享之字音義相近不得用

皇上御名上一字詩○戢干戈下一字左思吴都賦澶○漢而無涯敬避

端慧太子諱上一字永不諱下一字左玉右連

仁宗睿皇帝面諭敬避作連場屋亦不必用

至聖先師孔子諱惟恭遇
圜丘則不避餘皆加卩旁作邱然詩文中稱名之
處雖避寫究不敢用
孟子諱一體敬避

文達

日 陳與冋書

秀文齋南紙店初刻

擡頭字樣

圜丘如用○○○蒼穹○○○天貺○○○郊壇等字亦同

方澤如用○○○后土等字亦同

宗廟如用○○○廟字或○○○時享○○○祫祭等字亦同

祖

宗

列祖

列聖如用聖聖相承等句則上○○○聖字三擡下○○○聖字雙擡如用以○○聖繼○○○聖等句則上○○聖字雙擡下○○○聖字三擡

擡頭　一　黃羣杰書

世德如用○○○先緒○○○前光等字亦同

世祖章皇帝

聖祖仁皇帝

世宗憲皇帝

高宗純皇帝

仁宗睿皇帝

宣宗成皇帝

文宗顯皇帝

穆宗毅皇帝

御纂詩經傳說彙纂

御纂書經傳說彙纂

御纂周易折中

御纂春秋傳說彙纂

御纂佩文韻府

御纂性理精義

御批通鑑綱目

黃羣杰書

御註孝經衍義
御批古文淵鑑
御定全唐詩
御纂淵鑑類函
御製樂善堂文集
御製日知薈說
御選唐宋文醇
御選唐宋詩醇

御纂綱目三編
欽定三禮義疏
日講春秋解義
御製味餘書室全集
御製邪教説墨刻
欽定熙朝雅頌集
欽定皇清文潁續編
欽定明鑑

書目　上　黃羣杰書

欽定四書文

欽定皇朝詞林典故

欽定授衣廣訓

以上俱係三擡詩賦經解引用各書必須照式

擡寫前輩有作雙擡者今不得沿襲舊本致干

貼例宜細察之

欽頒者並同

聖天子

皇上
聖主
一人
聖謨
聖鑒
聖訓
皇猷
帝德

壹頁
黃犀杰書

宸衷

宸嚴

聖朝

熙朝

盛世

神武

孝治

德意

恩澤
恩膏
愷澤
明詔
丹詔
諭旨
温綸
綸音

臺頁

之 黃犀杰書

詔旨

天顏

眷顧

鑒照

九重

清問

御書○○御書以下六條如在光緒年者宜雙擡若係同治以前者則宜三擡

宸翰

欽定
欽頒
頒發
御製
大駕
法駕
臨蒞
翠華

臺頁

六　黃羣杰書

鑾輅
丹陛
彤庭
御屏
御苑
以上俱係雙擡
朝廷
國朝

國家
龍樓
鳳閣
玉墀
上苑
太液各
宮
殿

臺頁　七　黃羣杰書

抬頭　一

門名

以上均係單擡

右應擡寫字樣係照科場條例敬謹摘出然亦略舉其概為場屋程式耳每見諸生詩策頌揚後有用聰明天亶智勇天錫等語者不知聰明智勇宜雙擡天亶天錫宜三擡也有用栽培樂育惻懞教化及堯舜禹湯文武等字者不知此在頌揚後皆宜雙擡也有用京師邦畿等字者

不知此在頌揚後皆宜單擡也今為附綴數語
於後若引而伸之觸類而長之則在臨文時自
行斟酌略有疑義概擯勿用語曰高下在心非
臚舉所能徧及也

黄羣杰書於京師秀文齋

臺頁　　黄羣杰書

對策條例款式

一奉
旨交卷以日入為度不準給燭不完卷者附三
甲末
一奏明對策不拘成格不限字數其有條
對詳明篇幅充暢者固不繩其字數之多
即或言簡意該指陳切實者亦不斥其字
數之少但不及一千字者仍以不入式論

一對策起句仍用臣對臣聞四字

一策冒須總攝全題不得用寬泛套語

一策冒多則八行少則四行八行者於第
九行敬謹擡寫
皇帝陛下四行者於第五行敬謹擡寫
皇帝陛下其四行八行之末仍用欽惟二字到
底

一逐條對策首條仍用伏讀

制策有曰六字次三四條或用
制策又曰或用
制策又以等句
一策尾仍用臣末學新進罔識忌諱干冒
宸嚴不勝戰慄隕越之至臣謹對但干冒二字
須酌量字數到底再行擡寫
一奏明官發草本起稾之後與正卷同交
封固查核不可誤行帶出

磨勘條例摘要

京都琉璃廠中間
秀文齋南紙店刊

鄉會試

一試卷文理悖謬文體不正不遵小註章旨者黜革

一不諳禁例直書

廟諱

御名及

先師孔子諱者罰停四科凡停科者舉人停會試貢士停殿試

磨勘条列　一　吴樹棻書

一應擡不擡及擡寫不合或擡寫後塗改者
照違式例貼出中式者罰停三科
一題目錯落未經改寫或遺漏全題於夾縫
添註或真草篇數不全或顛倒或全然不
對或五策誤寫全題凡曳白越幅及添註
塗改全行漏寫並添註塗改過百字犯者
貼出已中式者罰停三科
一卷中有空白者貼出已中式者罰停一科

一脱寫題目改寫跳行者貼出已中式者罰
停兩科
一草稿未寫全題貼出已中式者罰停一科
一草稿越幅貼出已中式者罰停一科
一草稿模糊辨認不清者罰停一科
一草稿非全然不符而脱落太多者罰停兩
科
一添註塗改字數添改者罰停二科或漏一

二處者貼出中式者罰停一科
一塗改字數不符在十字以外者罰停一科
一二三場均係改寫添註塗改字數者貼出
中式者罰停三科
一重寫添註塗改字數者罰停一科
一四書文不得過七百字違者貼出
一試卷勦襲雷同者罰停兩科全篇鈔錄舊
文倖中者黜革

一文中字句疵謬重字書作兩點及引用後
世事蹟暨書名並文內遺漏對策不滿三
百字者俱罰停一科
一詩內平仄失黏者罰停一科
一試卷內有書寫卦畫及篆體者貼出中式
者罰停一科
一墨卷謄真用行草書者罰停一科
一卷內挖補數字及挖補擡頭者貼出中式

者罰停一科

一試卷反寫及倒寫對策項格及策題用大寫壹貳叁肆伍者均干貼例雖有佳文擯棄不錄應試者臨時當細心焉

科歲考 按禮部則例科場條例增入

一試卷内不敬避

廟諱

御名及

先師孔子諱者罰停鄉試兩科發學戒飭其有
已經缺筆者罰停鄉試一科仍發學戒飭
一試卷内詩少一聯者罰停鄉試一科廪生
仍罰停廪餼一年增附由本案補廪者亦
罰停廪餼一年多一聯者同
一試卷内鈔襲舊文已補廪者均革去廪
增仍留附生如係附生隨棚覆考均發學
戒飭

一試卷内詩出韻失黏及字句欠妥者如考
列三名以前罰停鄉試一科四名以後廩
生罰停廩餼一年增附由本案補廩者亦
罰停廩餼一年複韻者同
一對策不合口氣者如考列三名以前罰停
鄉試一科四名以後者廩生罰停廩餼一
年增附由本案補廩者亦罰停廩餼一年
一經文不滿三百字經文犯下者罰如上

一詩策中應擡不擡策項格者詩低三格者
均罰如上
一命題誤寫一字詩題漏寫賦得及限韻字
策題書寫違式者均罰如上
一草稿不全草稿曳白者罰如上
一默經低二格罰如上
一字句脫落錯誤草稿未寫全題者罰如上
一鈔錄非全題文亦非全篇及詩句雷同者

磨勘條例　吳樹棻書

均罰停鄉試一科

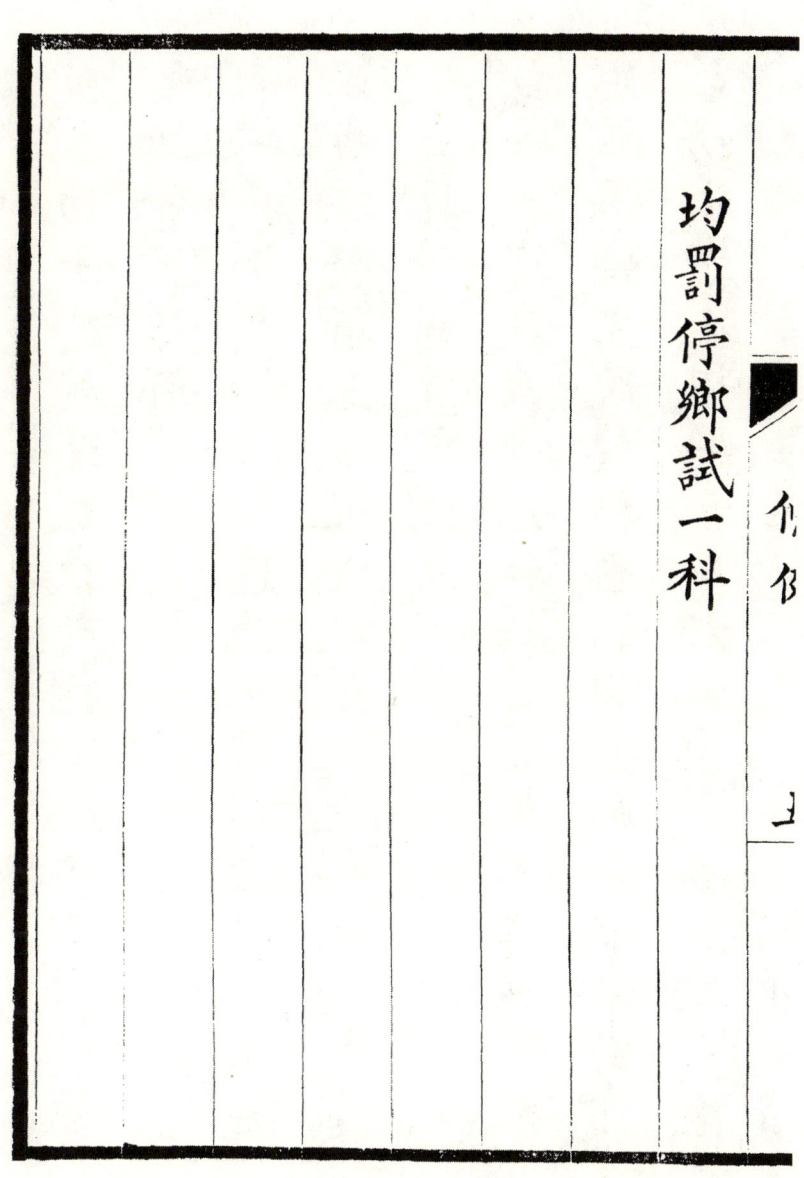

四月初十發榜聞報後赴禮部親看即拜鄉試

座師會試房師

十一午門謝　恩見房師趨進侍立不拜

總裁帶領行三跪九叩禮隨赴禮部飲瓊林宴

大典所關宜親到

或十二覆試在　保和殿務先日入内城宿黎

明進場均坐炕棹棹矮務帶簟脚小氊墩帶硯

罩防　殿上風一文一詩格卷式如正場文五

百餘字亦可清而切爲妥詩與字宜工次日發
榜有一等二等三等一等前十名有益引　見
時可背明三等末五名有損礙分甲榜
覆試次日贄見四總裁老師各處三稟帖三門
包官尊事冗多不能見面而退
此時不可貪應酬惟尋密室寫　殿試卷善書
者求精不善書者求速並習熟規矩務要完卷
即不能鼎甲而分甲次第即補缺先後不可不

著緊臙脂滓水則有光黃連泡水則不浸元參泡水則不滯寫慣帶進場試卷每行二十二字共一千九百二十四字有六法一起以臣對臣聞收以臣謹對二　皇上及　制策字擡頭不可靠邊尊天子也三尾必餘八路否則十六路八路為上留彌封地也四凡有擡頭前路必寫落底五不可落一字筆法不可依俗破體六九路擡

皇上　陛下十一路擡　聖懷沖挹及末段　國家　宸嚴等擡一定程式前路短一字便不好安放矣策式首尾二段按著字句依腔傍調止換題義則多少合拍中間四條填實運空隨作隨寫或排十六路十五路格完題止字光而匀者爲上不光而匀者次之潔淨而完卷者又次之

或二十二三　殿試先日宿内城黎明進場是

半高棹自備坐櫈惟緜穿小几收得攏為上新
木櫈恐入場擠壞棹氈或大卷幅必要硯罩及
長壓尺又買銀水壺一個先日磨墨在壺中場
中略磨便濃外帶黃連水壺一個備墨乾帶寫
純熟筆六七管寫百餘字即換防筆僨一切場
用以小木箱盛貯合坐櫈兩項自帶人送到
午門便有差接入差衣襟有某進士名牌送出
賞以銀包豫先在外包銀一錢　朝考亦然題

朝考殿試規矩　三　　劉德麟書

紙到監場官帶進士跪拜領紙先行書副本一切合式乃謄真則執柯伐柯不至失事蓋場中副本真本不差絲毫殿試自早至晚雖不給燭亦有六時辰曾見多帶刨字小刀或誤寫半字一字及四五字皆可刨去墨跡以刀尾捶緊善刨略無痕跡己不善則求其善者蓋卷紙本厚也投卷勿忙殿上有花押到太和殿旁有老師同鄉接場宜周旋一收真本一收副本

處即授以領賞表裏票不可失
殿試隔一二日謂小傳臚閱卷者選呈十本
皇上或略易前後或不易各進士穿公服俱
在午門内候忽　殿内唱名三鼎甲及傳臚
陪六位皆以次進引見　皇上鼎甲乃定其
餘皆回黨鼎甲不到降三甲末次日黎明
皇上坐　太和殿發榜王公在殿前旁大臣在
丹陛各官在　丹墀進士雙西單東皆三跪

九叩呼禮者先譒音後漢音止有鼎甲出班禮
樂聲容皆備拜畢　皇上退乃率進士迎分
甲榜至東長安門掛三日日後補缺以此爲先
後是日順天府尹以執事送鼎甲及第狀元率
諸進士上謝　恩表次日飲　恩榮莚宜
到
又次日領賞表裏三跪九叩謝　恩乃執票
領美惡不一隨次拈出

又次日　朝考宿內城黎明入點名略遲　殿
試後即學寫白摺一開十二路一路十八格先
寫論題止一二句題低二格論高二格如抄文
一般務寫到格之幹上不可入格內無擡頭或
兩開可疏如寫策俱低二格起有臣聞收有我
皇上及今　聖天子擡頭頌揚作尾擡
頭不可傍邊寫或兩開半可及三開可詩一首
著緊是字工詩佳不錯不落有副本其格與正

朝考殿試規矩　五　劉德麟書

本橫直多少不差先寫副本以作榜樣則不致
落字行書可略草亦可内發韻本出場時他取
韻本不與可既出二三兩銀投卷原許帶出
次日
朝考入選者有信又次日榜貼翰林院
矣鼎甲傳臚已定不過陪考耳
朝考次日狀元率衆進士到國子監謁　孔
聖九叩禮隨拜祭酒設筵鼎甲則賜以紅綢花
等項

將引　見往翰林院演儀兩次每日在家習跪
背履歷某人某省人年多少歲某甲進士如覆
試一等前十名則背覆試一等第幾名在一等
則背覆試一等如　朝考入選則背不然否如
鄉榜第一名則背不然否如加捐某項則背如
大臣子弟履歷寫而不背引　見必揭冠叩頭
當引　見先一日住近所黎明公服入　朝有
領班押班翰林或十人五人一排時時查點齊

朝考殿試規矩　六　劉德麟書

備魚貫而立　皇上陞　殿領班牽首一人
至階下跪餘跪齊從首至尾背明聲宜響亮行
止跪起要不作意而自然合度忌粗俗忌鈍衣
冠宜整而合時忠孝帶亦要目平視手直妥而
略向後起跪防踏衣並屬同班引　見時中堂
等跪進綠頭牌詞林一圈部屬一勾中書學政
半勾即用一點歸班不動筆每省畢　皇上
即將綠頭牌付下軍機處已知次日　上諭

到矣
殿試朝考摯籤皆用親供三代内有某氏有
已仕未仕聽説年歲可改此皆長班辦惟殿
試摯籤須印結
引見後點翰林者隔十餘日上翰林館先謝
恩三跪九叩次行香又數日教習庶吉士兩
位到館拜老師一跪兩叩禮次鈎書或執尚書
或執大學取其吉祥上院之後即拜同館二百

朝考殿試規矩　七　劉德麟書

餘人皆用白摺長班送儀注單照此行隨開兩
課課一賦一詩清書翰林便止作一詩向後只
課清字考譒譯
即用半月掣籤吏部尚書上坐侍郎旁坐司官
在尚書旁侍立都御史在下對尚書坐書辦在
侍郎旁安放籤分發人員在門内外肅立公服
不補服侍郎拈筒内籤出書辦掣與堂官看明
乃報明名尚書拈筒内籤書辦掣與堂官看乃

報地方各將籤交易呈公案擺列隨手登簿掣
畢帶歸
次日謝　恩又次日在各位老師處報明略
謝此即用也部屬掣籤前二三日亦然
即用領憑後即持憑借支養廉託同鄉官宜早
蓋此必吏部有照會文到户部由書辦到司官
司官呈堂畫稿發下乃入管庫開庫發銀遲則
必須十餘日中後各領旗匾銀三十兩此尚易

領與長班說領憑內即告以要照會文書發戶
部領養廉開銷一切而後僱一日車送卷辭行
戴羽帽穿缺襟袍短褂褂此行裝也